비트코인
레볼루션

BITCOIN REVOLUTION

암호화폐는 어떻게 전혀 다른 미래를 만드는가

비트코인 레볼루션

BITCOIN REVOLUTION ——————— 최공필 지음

생각의힘

1장   열풍에서 본질로

2장   대결 : 암호화폐 논란의 핵심 짚기

3장 미래 : 무슨 일이 벌어질 것인가

4장 새로운 생태계를 위해 우리는, 정부는 무엇을 해야 하는가

들어가며

화폐라는 개념을 완전히 바꾼 미래의 화폐

암호화폐cryptocurrency는 과거 물리적 수단에 집착했던 화폐의 개념을 확장시킨 일대 혁신이다. 동시에 모든 경제적 가치의 근본인 사회구성원과 신뢰기반에 대한 획기적 접근이다. 암호화폐는 네트워크상의 참여를 통해 누구의 개입도 없이 거래 당사자들 간의 거래를 가능하게 하는 신뢰를 만들어가면서, 기존의 화폐가 지닌 기능을 넘어 가치창출의 새로운 영역을 제시한다. 주어진 틀에서 벗어나 민간에서의 교류와 연관을 통해 새로운 가치를 만들어낼 수 있기 때문이다. 최근 들어 적지 않은 사람들이 비트코인Bitcoin을 계기로 제3자의 개입 없이 다양한 가치가 교환되고 저장되며 창출될 수 있는 블록체인의 활용에 눈뜨기 시작했다.

그러나 암호화폐는 2017년 말의 광풍과 그 이후의 조정 과정을 거치면서 2018년부터 정체기에 접어들었다. 요란한 구호와 달리 용처를 새롭게 확대하지 못하면서 암호화폐에 대한 장밋빛 전망과 기대는 중장기 과제로 치부되기 시작했다. 냉엄한 현실의 벽을 맞닥뜨

린 것이다. 수직적, 계층적 질서가 수평적 질서에 대해 신경질적인 반응을 보일 거라는 건 이미 예상했던 바이다. 한때 암호화폐가 몰고 올 근본적인 변화로 지각 변동까지 가능하다고 여겼던 관점들은 현실론에 부딪혔고, 이제 암호화폐는 법정화폐의 부분적인 대안 정도로 입지가 좁아졌다. 프로토콜 개발자와 사용자, 그리고 블록에 담긴 거래 기록을 검증·확인하는 참여자들을 비롯한 주변의 관계자들은 기존 체제의 탄탄한 신뢰토대와 대등한 입장에서 비교할만한 네트워크를 구축하는 데 눈에 띄는 결과를 내지 못하고 있다. 암호화폐가 도대체 어디에 쓰는 물건인지에 대한 답으로서의 유틸리티 측면이나 미래 가치 상승에 기대를 거는 증권 투자 차원의 시각에서조차 아직 갈 길이 먼 듯 보이면서 조정 폭도 커지고 있다. 초기코인공개Initial Coin Offering, ICO나 비트코인 상장지수펀드Exchange Traded Fund, ETF와 관련한 규제 당국의 시각에 따라 시장 분위기까지 좌우되는 극단적인 변동성이 진정되려면 사회구성원들의 참여와 평가를 위한 시간이 더 필요하다.

더욱이 글로벌 금융위기 이후의 불확실한 상황이 장기화되면서 생존 우선주의의 완고한 입장이 새로움을 추구하는 개방 마인드를 억누르고 있는 것도 현실이다. 수십 년에 걸쳐 다듬어진 시스템과 이제 막 태동하기 시작한 움직임을 직접 비교하는 성급한 태도 때문에 미래를 비출 수 있는 새로운 혁신마저 짙은 그늘 속에 가두어진 형국이다. 엘리트 주도층의 전통적 시각은 암호화폐의 본질에 대한 이해를 가로막고 있다.

미래 가치에 대한 전향적인 태도는커녕 단죄적인 시각에 머물고 있는 기존 인식의 틀은 그동안 더욱 정교해져 진정한 새로움을 열린 마음으로 보지 못하게 하고 있다. 우리 사회의 지적 생태계에 알게 모르게 금과옥조의 조언을 제공하는 노벨상 수상자들의 시각도 천편일률적으로 부정적인 프레임에 갖혀 있다. 조지프 스티글리츠Joseph Stiglitz, 폴 크루그먼Paul Krugman 등 쟁쟁한 학자들은 물론 누리엘 루비니Nouriel Roubini 뉴욕대학교 교수 등도 특유의 냉소적 시각으로 일관할 뿐이었다. 암호화폐는 이제 막 제대로 된 평가를 받기 위한 본격적인 심의 과정에 들어갔는데 미리부터 판결을 내버리는 모습이다. 국제통화기금International Monetary Fund, IMF의 크리스틴 라가르드Christine Lagarde 총재를 포함한 몇몇 선각자들만 포용적 자세를 견지하고 있는 상황이다. 최근 들어 크루그먼이 전향적 자세로 방향을 틀긴 했지만 나이 50 넘은 경제학자들 이야기는 귀담아 들을 것이 없다는 자조 섞인 세평은 간단히 흘릴 말은 아닌듯 싶다. 특히 중앙집중적 규제 전통과 법적 토대 위에서 견고해진 기존 중앙은행 중심 금융 시스템은 이러한 인식의 틀이 굳건히 자리하고 있는 지적 요새다. 그래서 글로벌 금융위기의 원인을 제공했음에도, 거듭된 양적 완화라는 극단적 조치에도 기존 체제의 정당성은 오히려 강화되었다.

상식적으로 생각해봐도 중앙화는 위험이 집중되기에 그에 대항하기 위해서라도 탈중앙화decentralization가 진전되어야 한다. 그러나 실상은 중앙화 추세가 더욱 두드러지고 있다. 아무리 잘못을 저질러도 스스로가 개혁의 대상이 되는 것이 아니라 다른 부문의 개혁을 더욱 강력히 요구하는 레거시 지배구조 덕분이다. 문제가 생기면 고쳐야 하는 시스템이 오히려 더 강화되는 건 더욱 심각한 문제다. 거듭된 위기에도 도덕적 해이와 대마불사는 변함없는 진리로 통한다. 돈이 역류하거나 제대로 돌지 못하는 상황과 위험 차별화에 기초한 선별 기능이 제한된 금융 시스템은 고용 대란과 투자 부진, 극단적 양극화를 초래했고, 이는 이미 여러 분야에서 기존의 수직적·중앙통제적 체제의 한계를 드러내고 있다. 제대로 작동하지 못하는 상부 구조를 보완하기 위해 다양한 정책적 프로그램들이 가동되고 있지만 기본적인 시장 질서와 상충 관계를 보일 수밖에 없다. 과도한 중앙화로 초래된 문제를 더 강력한 중앙화로 대응하면서 정부의 역할은 더욱 커졌고 시장의 신뢰는 파괴되고 있다. 민간들은 월급이 보장된 공공 부문의 진입만을 갈망하게 되었다. 환경과 현실의 간극을 정책 노력만으로 메꾸기 어려운 현실이 된 것이다.

블록체인 기반의 암호화폐는 이러한 상황 속에서 레거시의 그늘로부터 벗어나려는 몸부림으로 탄생했다. 암호화폐의 탄생 배경은 결국 기존의 금융 시스템에 대한 저항과 불만의 표출이다. 통상적인 정책 노력을 넘어선, 뿌리부터 뒤흔드는 개혁 의식의 혁명적 힘이 암호화폐의 저변에 깔려 있다.

기존 체제가 심각한 구조적 문제를 드러냈는데 누구도 손을 못대는 상황이라면 체제 밖의 해법에 기대는 수밖에 없다. 암호화폐를 탄생시킨 자들은 소수의 대리인들에게 미래를 맡기기에는 비용이 과다하게 들며, 그들만의 이익이 우선시되는 폐쇄적 리그가 고착화되어 있다고 본다. 사실 암호화폐의 기본 발상은 사회 변화를 위해 개인의 프라이버시를 존중하고 이를 지키기 위해 암호화 기술에 의존하는 극소수의 선구자들만이 공유하고 있었다. 사이퍼펑크cypherpunk로 분류되는 이들은 간섭과 개입을 극도로 싫어하는 자유주의 신봉자들이다.

그들은 모두의 참여를 기반으로 한 '연결과 증명'의 기술이 기존 금융 시스템의 독점적 서비스를 대체할 수 있다고 믿는다. '대체'가 아니더라도 기존 방식이 유일한 선택으로 강요받는 현실에서 벗어날 수 있는 가능성을 제시한 선각자들이다.

화폐의 디지털화로 시작된 암호화폐는 게임머니로 분류되는 가상화폐를 거쳐 암호화 기술과 다수 인증 과정이 내재된 다양한 암호화폐로 발전을 거듭했다. 사토시 나카모토Satoshi Nakamoto가 10여 년 전 비트코인을 세상에 선보이기 이전부터 이미 디지털화폐는 많았다. 디지캐시DigiCash에서 이골드e-Gold에 이르기까지 수많은 실패의 경험을 뒤로하고 비로소 비트코인이라는 암호화폐가 등장한 것이다. 이와 같은 초연결 환경, 그리고 글로벌 금융위기는 암호화폐 탄생의 주된 배경이다. 믿었던 신뢰 주체들의 거듭된 실패로 초래된 무차별적인 사회적 비용의 전가는 '선각자들'을 자극했고, 이들의 주도로 지금의 암호화폐에 이르는 일련의 실험들이 계속되었다. 사토시 나카모토 외에도 닉 재보Nick Szabo, 할 피니Hal Finney, 가빈 안드레센Gavin Andresen 등은 암호화폐의 근간을 만들어낸 선구자들이다.

그들의 시각에서 현재의 금융 시스템은 과도하게 독점적이고, 부당할 정도의 이익을 취하며, '이익의 사유화'에 걸맞게 '비용의 사회화'에 앞장서고 있다. 그뿐 아니라 금융 서비스의 혜택을 법적 신뢰 증명이 주어진 일부에게만 허용하는 폐쇄적 집단이기주의의 표상이기도 하다. 거듭된 위기로 위험 관리가 중요해졌는데 위험 분석과 관리 전문가로서의 태도는 자기자본비율규제(BIS 규제)와 더불어 실종되었고, 오로지 담보를 요구하는 위험 기피에만 주력하고 있다. 우리의 저축으로 담보 대출의 안전한 수익을 챙기면서 투자 위험이 산재한 법인 영업은 꺼리는 분위기이고, 다른 한편으로 국경 간 송금 관련 수수료는 복잡다단한 스위프트Society for Worldwide Interbank Financial Telecommunication, SWIFT 체제에 의거해 과도할 정도로 챙겨간다. 개혁론자들의 입장에서 보면 그들은 위험을 알면서도 파악하기 어려운 구조화를 통해 시스템을 위험에 빠뜨리고 이후 납세자의 돈으로 청소를 하는 뻔뻔한 집단이다.

한편 암호화폐 집단들이 추구하는 것은 탈중앙화, 비간섭, 금융포용을 통한 금융의 민주화라고 볼 수 있다. 그들이 보기에 금융이란 소수에 의해 유지되고 관리되는 특별한 서비스가 아니라 광범위한 신뢰토대를 바탕으로 누구에게나 공히 제공되어야만 하는 필수적 서비스다. 그래서 법정화폐와 레거시 체제에 대응하는 암호화폐와 탈중앙화 기반의 신뢰토대 구축을 강조한다. 모든 것들이 연결된 초연결 세상에서 탈중앙화라는 대안은 가치창출을 위해 파악하고 활용해야 할 수많은 것들에 새로운 의미를 부여하고 개발 유인을 발굴하게 한다. 그러면서 가치창출에 이르게 하는 모든 것을 담아내고자 한다. 이는 단순히 화폐가 새롭게 등장한다고 이루어질 것이 아니다. 이를 위해서는 그동안 미처 인식하지 못했던 가치창출의 기반에 적절한 인센티브를 제공하면서 함께 더 큰 가치를 만들어가는 노력이 자발적으로 실행되어야 한다. 그러나 법정화폐 시스템을 기반으로 이러한 인센티브 구조를 만들어가는 것은 거의 불가능하다. 통화정책적 권한하에서 이루어지는 통화공급과 중개인들의 이익을 반영한 신용배분 체계가 초연결 환경에서 복잡다단하게 이루어지는 모든 연결고리에까지 닿을 수 없기 때문이다. 법적 신뢰토대의 주체가 관리하는 신용 흐름은 현재의 위험 기피적 규제 체계하에서는 확산이 불가능하다. 책상머리에 앉아서는 볼 수 없는 시장 저변의 다양한 연결고리는 참여자들 간의 인센티브와 조율로 이루어질 수밖에 없다. 물론 이러한 과정을 기존 당국이 남의 영역으로 간과할 수 있다는 뜻은 아니다. 오히려 모르는 곳에서의 경쟁 제한적, 불법적 관행에 대해 확실한 시장 규율을 강화하는 생태계 조성자로서의 역할이 절실하다. 환경이 변했는데 역할은 과거에 머물러 있기에 시장의 불확실성은 커지고 미래는 불투명해지는 것이다. 그래서 등장한 것이 바로 블록체인 기반 암호화폐, 즉 비트코인이다. 기존의 영역을 포함해 기존 주체들이 감당하기 어려운 그림자 영역까지 아우를 수 있는 새로운 무엇이 등장한 것이다.

물론 탈중앙화를 통해 모든 문제를 해결할 수는 없으며, 탈중앙화의 목적이 애당초 그러한 것도 아니다. 그러나 기존의 틀 안에서 사장되거나 잊히는 잠재적 요소들이 미래 가치 창출의 핵심일 수 있다면 이를 간과하는 것은 중대한 판단 오류다. 따라서 기성 세대들이 금과옥조로 받아들이는 기준이 아닌 미래 지향적인 관점에서 기존 체제의 문제를 면밀히 검토해볼 필요가 있다.

법정화폐 vs. 암호화폐

우선 법정화폐의 부수적인 물리적 측면을 검토해보자. 첫째, 더 이상 화폐는 물리적 수단과 연결될 필요가 없다. 어찌 보면 지금 우리가 사용하는 법정화폐의 형태는 시대나 환경 변화, 특히 기술적 측면에서 너무 구태의연한 면이 있다. 신뢰가 종이에 굳어진 이 '화폐'라는 분야는 다른 분야의 눈부신 기술 변화에 비하면 정체 상태에 머물러 있었다. 가치에 대한 다양한 정의에도 불구하고 물리적 존재에 기반을 둔 화폐의 기능은 대부분의 경제활동이 사이버 공간에서 이루어지는 현대의 상황과도 어울리지 않는다. 빠르고 편리하고 관리가 쉬운 방식을 기대하는 다수에게 종이화폐는 불편한 존재가 되기 시작한 것이다. 이미 '현금 없는 사회'를 추구하고 있는 북유럽에서 현금은 거추장스럽고 관리 비용이 많이 드는 구습일 뿐이다. 당연히 과거 수십 년 동안 전자적 거래에 적합한 형태로 화폐의 모습이 바뀌고 있지만 이러한 디지털화를 암호화폐의 본질로 볼 수는 없다. 대부분 여전히 중개 기관의 역할이 중시되고 관리 주체는 변함없이 중앙은행이기 때문이다. 소위 토큰화만으로는 거래 원활화에 직접적으로 기여하지 못하는 것과 상통한다.

두 번째 사안은 화폐가 특정 주체, 즉 중앙은행만이 발행하고 관리하는 것이 합당한지 따져보아야 한다는 것이다. 신뢰관계가 없거나 이를 형성해도 활용할 방법이 없던 과거의 비연결 환경에서 중앙은행과 관련 인프라는 거래를 가능하게 만드는 필수적 존재였다. 내가 나라는 사실과 내가 지불할 능력이 있는지를 본인이 아닌 누군가가 대신 확인을 해주어야 하는 상황은 근본적으로 바뀌어야 한다. 실제 초연결 환경에서 스스로의 신뢰기반에 대한 증명만 확보된다면 모든 서비스의 생산·전달·소비 과정은 다양하게 전개될 수 있다. 특히 개방형 공적 블록체인 기반 위에서 정보의 생산 주체로서 개인들은 적절한 보상과 함께 자신의 정보를 관리할 수 있는 권한을 되찾게 된다. 다만 네트워크의 안정성이나 소비자 보호와 같은 공공재적 성격에 관한 관리 이슈는 여전히 남는다.

셋째는 레거시 금융 시스템의 적합성에 관한 문제다. 만약 신뢰 주체가 중앙은행이어야만 한다는 명제가 완화될 수 있다면 시장 참여자들의 모습이나 시스템의 특성도 많이 바뀌는 것이 당연하다. 어떤 형태이든 모든 경제활동의 핵심은 신뢰 주체의 개입을 전제로 한 지불payment — 청산clearing — 결제settlement의 과정을 거치면서 완결된다. 그동안은 이 과정들을 법적 신뢰 주체인 중앙은행과 은행 같은 공적 기구들을 중심으로 지불대행업자payment gateway 등 관련 시장 참여자들이 처리해왔다. 소유권 이전 관련 거래는 특히 많은 절차와 관여자들의 검증 과정을 거쳐야 한다. 그래서 거래 체결 이후 완결에 이르기까지 통상 2~3일의 기간이 필요한 것이다. 반면에 암호화폐는 제3자 개입을 필요치 않고 스스로 돌아가는 자율적 시스템 기반이다. 갑이 을로 가치를 전달하는 데 각각의 은행들이 개별적으로 관리하는 장부상의 변화와 이를 검증하는 중간 개입이 불필요해지는 것이다. 규제 체계와 소비자 보호의 틀만 제외하면 법정화폐와 레거시 인프라에 굳이 집착할 이유는 없다. 기술적으로 볼 때 분산화되고 탈중앙화된 대안 시스템, 즉 블록체인 위에서 돌아가는 암호화폐는 지불결제 분야의 획기적 혁신을 촉진하는 촉매제임에 틀림없다.

네 번째는 법정화폐 시스템의 폐쇄적 지배구조 문제다. 탈중앙화의 모습이 일부라도 관철되어야 할 금융 분야에서 새롭게 다시금 중앙화가 진행되는 상황은 모순적인 단계를 넘어선 것이다. 한 예로 글로벌 금융위기 이후 위험관리 실패의 대응책으로 강조된 파생상품, 장외파생상품 거래에 대한 규제는 일견 타당하지만, 사실상 시대 흐름에 역행하는 중앙청산소Central Counter Party, CCP라는 중앙화된 플랫폼을 탄생시켰다. 더 복잡한 과정과 절차에도 불구하고 거래 상대와 관련된 위험 대비는 더욱 취약해진 측면이 남아 있기 때문이다. 기본적으로 레거시 체제는 온갖 문제의 원인을 제공하면서도 처방조차도 중앙화된 방식으로 일관하는 독점적 위치를 도도하게 구가하고 있다.

　마지막으로 기존 레거시 시스템에서는 미래지향적인 시각이 극히 제한적이라는 점을 들 수 있다. 싱가포르 중앙은행의 블록체인 프로젝트인 우빈Ubin 같은 예외적인 실험을 제외하고는 대개의 경우 관리 주체와 연관된 지배구조 이슈에서 변화의 조짐조차 관찰되지 않는다. 보다 본질적인 금융의 민주화를 위해서는 모든 가치의 대표 격인 토큰, 즉 암호화폐의 가치를 인식하고 공유하는 시스템이 구축되어야 한다. 이에 더해 암호화폐는 단순한 전자적 수단으로의 전환이라는 의미에 머무르지 않고 탈중앙화라는 더욱 중요한 메시지를 담아내야 한다. 탈중앙화를 가능케 하는 작업증명과 같은 공감대 형성 알고리즘의 기반 위에서만 토큰 거래가 제대로 활성화될 수 있다. 블록체인이라는 장부의 연결 구조 형태만 갖고 있다고 해서 탈중앙화가 이루어지는 것은 결코 아니기 때문이다. 이와 같이 암호화폐의 개발자들이 추구했던 세상의 모습은 아직 제대로 형태조차 갖추어지지 못했다. 오히려 기득권들이 블록체인의 기술적 특징들을 여러 분야에서 포획해 그들의 성을 쌓는 일에 활용하고 있다. 제대로 된 변화를 위해서는 다수의 참여로 만들어지는 신뢰토대와 함께 이를 가능케 하는 인센티브 구조, 사회적 협약, 공감대 형성에 이르는 자율적 지배구조 등 복잡다단한 요소들이 짜임새 있게 발전해야 한다. 이러한 도전을 탈중앙화라는 기본 취지를 수용하면서 대응하기란 결코 쉽지 않으며, 이러한 사실을 많은 사람들이 깨닫고 있다.

연결이 제공하는 기회를 다수의 가치로 전환하는 암호화폐

암호화폐는 초연결 환경의 가치를 일궈내는 귀중한 도구다. 법정화폐만으로 접근하기 어려웠던 디바이스 간의 가치 교환에서도 블록체인 기반 암호화폐를 통해 돈을 버는 것이 가능해졌다. 누가 연결되는지에 대한 별도의 검증 없이도 자유롭게 활용하고, 활용되는 만큼 정확히 계산해서 수익을 나누어 가질 수 있다. 남아도는 전기를 공유하는 사례나, 광고주의 판단에서 자유로운 객관적이고 좋은 기고가 제대로 평가받을 수 있는 사례 등에서 볼 수 있듯이 공동체 차원의 가치창출과 배분이 활성화될 수 있다. 또한 광고주들은 웹서핑에서 누가 얼마만큼 특정 주제에 관심을 갖는지에 관심이 많다. 과거와 같이 배너광고를 띄우는 방식으로는 관심을 낚으려는 광고봇bot을 사용하는 문제 집단들이 더 많은 수익을 가로채기 때문이다. 무형적인 평판이나 관심까지도 적절한 보상을 통해 새로운 연결을 만들고 이를 토대로 가치를 만들어내는 일련의 작업들이 다양하게 전개되고 있다. 다양한 디바이스 간의 거래와 즉각적인 소액 지불이 가능하려면 이를 감지하고 추적할 수 있는 자체적 화폐 기능이 따라주어야 한다.

이와 같이 연결고리나 관심 또는 평판을 가치화하는 아이오타IOTA, 베이직어탠션토큰Basic Attention Token, BAT, 스팀잇Steemit은 바로 핵심적 가치에 대한 보상을 위해 고안된 암호화폐다. 2018년 드러난 드루킹 관련 사례에서 거듭 확인했지만 클릭 수라는 잘못된 척도를 만들기 위한 그룹과 소셜미디어를 활용하는 사람들의 관심을 얻기 위한 광고주들은 모든 화면을 독자들의 입장과 관계없이 팝업 광고로 도배하면서 봇들의 전쟁터로 만들고 있다. 물론 이를 차단하기 위한 프로그램업자들은 돈을 벌겠지만 기본적으로 귀중한 인터넷 트래픽만 막히게 하는 잘못된 인센티브로 가득 찬 꼴이다. 정작 주인인 유권자들이나 독자들은 안중에도 없는 생태계의 모습이다. 이러한 배경에서 만들어진 암호화폐가 베이직어탠션토큰, 즉 BAT다. BAT는 진정 중요한 독자들의 관심이 시장의 핵심 시그널로 정착하도록 고안되었다. 특정 브라우저를 사용하여 모든 팝업을 차단한 상태에서 특정 광고를 볼 경우에 그 대가로 BAT를 제공하는 구조다. 이러한 보상 체계를 활용하여 시장에서 관심 있는 정보 제공자들이 더 노력하려는 동기가 제공되면 광고업자들도 시장평가에 기초한 BAT코인을 지불하고 광고를 낼 수 있게 된다. 이와 비슷한 파일코인FileCoin이나 테조스Tezos, 이오스EOS 등도 새로운 환경에서 널리 퍼져 있지만 제대로 인식되고 보상받지 못하는 다양한 연결고리를 찾아서 가치화하려는 시도다. 이러한 코인들은 수익의 원천에 기여하는 만큼의 대가를 제공함으로써 제대로 된 인센티브를 전달할 수 있다. 이처럼 암호화폐는 인센티브를 강화하는 도구로서, 생태계 발전의 촉매제로서 중요한 역할을 하고 있다.

물론 그동안 간과되었거나 가치가 인정될 것으로 생각하지 못했던 많은 활동들에 대해 모두 다른 종류의 암호화폐, 즉 토큰이나 코인으로 보상하는 것은 의미가 없다. 어차피 토큰의 가치는 얼마나 많은 사람들이 참여하고 활용하는지를 측정하는 네트워크 효과로 결정되기 때문이다. 따라서 초기 사용자를 확보한 경우 암호화폐의 플랫폼으로서의 기능이 가능해지고 이를 토대로 각종 코인들의 거래가 이루어진다. 초기에 이더리움Ethereum이 비트코인으로 자금을 마련한 후 분산 애플리케이션Decentralized Application, Dapp을 수용하는 플랫폼으로 자리를 잡으면서 비트코인이나 이더리움으로 자금을 확보하게 된 진화 과정이 이를 반영한다. 간과된 가치 사슬을 살려내는 암호화폐의 역할은 아무리 강조해도 지나침이 없다. 그런데 초기의 기능을 수행했던 암호화폐가 더 큰 신뢰기반을 지속적으로 확보하지 못하면, 즉 더 큰 가치로 연결하는 과징에 편입되지 못하면 놀이동산의 이용권 신세에 그치게 된다.

서로를 닮아가는 암호화폐와 법정화폐

이러한 가능성에도 불구하고 암호화폐의 현재 모습은 다소 어정쩡하다. 다수가 참여하는 개방 플랫폼의 인프라가 미비한 점도 있지만, 기술 자체가 확장성이나 호환성 등 여러 측면에서 덜 개발되었기 때문이기도 하다. 무엇보다도 세상의 주인인 일반 대중이 과거 방식에 너무 익숙해져서 변화에 대한 열망이 크지 않다는 점이 큰 이유다. 지금의 상태를 크게 문제 삼지 않는다면 고쳐가면 된다. 그러나 지금의 연장선이 결국 우리의 미래를 어둡게 한다는 확신이 든다면 강력한 개혁이 필요하다. 이러한 판단은 전적으로 일반 대중의 몫이어야 하지만 현실은 엄연히 기존 생태계의 선두 주자들이 좌우한다. 이미 기득권들은 블록체인 플랫폼을 장악하고 있으며 얼마 안 되는 핵심 기술과 개발 인력들도 독점하고 있다. 초기 티셔츠 차림의 자유로운 개발자들은 돈을 벌고 나서 안락한 기득권들의 삶에 안주하고 있다. 이러한 상황에서 기대할 수 있는 건 별로 달라질 것이 없는 미래뿐이다.

우리보다 깨어 있는 누군가의 노력으로 암호화폐와 암호화폐가 만들어가는 세상이 더욱 발전할 것이라는 점에는 동감하지만 현재의 상황은 대안으로서도 초기 단계를 넘어서지 못하고 있다. 자체적 준비나 인프라도 부족하고 기득권의 벽도 그만큼 높은 것이다. 기존 금융 시스템이 사회적으로 인정받는 거의 유일한 신뢰기반인 데 비해, 새롭게 출현한 암호화폐라는 대안은 관리나 책임 주체가 없는, 기존의 어떤 것과도 비교가 어려운 무정형의 전례 없는 시도이기에 아직은 미래의 대안으로서 제대로 받아들여지지 못하고 있다. 진정한 대안으로서의 모습을 갖추려면 많은 참여와 검증, 관심이 필요하다. 주인도 없고 허가받지 않고도 참여할 수 있는 퍼블릭 오픈 블록체인의 개발 속도는 달팽이 걸음이다. 그래서 아직도 우리는 레거시와 대안 사이의 선택이 여의치 않은 혼란스러운 시공간에 남겨진 것이다.

문제는 초연결 환경에서 우리는 법정화폐의 효율성과 암호화폐의 창의성 및 포용성을 동시에 필요로 한다는 점이다. 그러니 당연히 서로가 상대를 닮아가는 모습이 보인다. 중앙은행들은 자체적으로 디지털화폐를 만들려 하고 암호화폐 개발자들은 기존 네트워크나 오프체인off-chain의 도움을 받아 확장성을 제고하려는 노력을 강화하고 있다. 그러나 분명 두 시스템은 '소수에 의한 관리'와 '다수 참여의 인증 과정'이라는 결정적으로 상이한 철학적 배경을 가지고 있다. 중앙이 관리하고 발행 주체가 명확한 상황에서 디지털화폐를 발행하게 되면 상업은행이 무력화되고 개인 프라이버시는 사라지며, 전통적인 금리

경로에 의존한 통화정책도 본질적으로 바뀌게 된다. 그렇다고 암호화폐가 무분별하게 출현하는 것 역시 시장 혼란과 가치 변동성을 높이기에 다른 불안 요인으로 연결되기 쉽다. 국가의 틀 안에서 세금을 걷을 수 있는 법적 토대를 대체할만한 신뢰기반은 아직 없다. 그러니 아직은 기존의 방식이 가장 확실한 신뢰토대임에 틀림없다. 결국 극단적인 쏠림보다는 법정화폐와 암호화폐가 서로 절충하며 진화함으로써 다양한 생태계가 조성될 것이다. 특히 우리의 거래 모습이 다양한 주체들의 상이한 패턴을 보이는 이상, 특정 신뢰기반이나 방식만이 합당하다는 시각은 달라져야 한다. 세상의 주인인 민간 납세자들을 위해서도 그래야 한다.

암호화폐는 단순히 '또 다른 화폐'가 아니다

이제 강력한 규제와 시장 자체의 조정을 거쳐 투기 광풍이 잡히면서 시장 분위기는 안정되었지만 암호화폐에 관한 본질적인 논의는 여전히 미진한 실정이다. 본질에 대한 논의가 활성화되어야 하는 이유는 암호화폐가 담고 있는 메시지가 단순히 '또 다른 화폐' 이상의 것이기 때문이다. 또한 미래 세대가 주도할 세상의 인센티브로서 암호화폐의 역할이 보이기 때문이다. 암호화폐가 만들어가는 세상, 즉 '토큰경제' 또는 '크립토경제'는 화폐의 프로그램을 통해 공동의 가치를 실현하는 데 도움이 되는 일련의 인센티브 부합적인 행위에 유인을 제공한다. 자본주의 시스템하에서 공공 분야의 비용 부과가 어려워서 초래되는 황폐화나 공해 관련 문제, 개릿 하딘Garrett Hardin이 「공유지의 비극Tragedy of the Commons」에서 제기한 자원 관리 문제를 극복할 수 있는 메커니즘 디자인이 가능하기 때문이다.

아직 미미한 시작이지만 다르게 생각하는 데서 싹트는 창의성이 새로운 미래 가치의 원동력이라고 믿는다. 지금의 패러다임에서는 답을 찾기 어려운 고용 문제나 고령화와 연관된 저성장 문제도 수직적 질서를 보완하는 차원의 블록체인 기반 연결로 완성되는 새로운 사회적 직물social fabric에서 그 해답을 찾을 수 있다. 연결이 가져다주는 새로운 가치창출의 기회가 현실로 전환될 수 있는 여건이 바로 미래의 열쇠이기 때문이다. 가로와 세로가 촘촘히 연결된 새로운 사회적 신뢰기반을 토대로 다수의 믿음을 지켜가는 암호화폐는 미래를 밝히는 불쏘시개임에 틀림없다.

이 책은 암호화폐에 관한 분석을 통해 균형 잡힌 미래의 설계에 모두가 나설 수 있도록 작게나마 도움을 주기 위해 쓰였다. 지금은 단기적 전망이 아니라 암호화폐의 본질과 철학, 그리고 암호화폐를 가로막는 구조적 문제들을 냉철히 들여다보고 그로부터 새로운 미래를 준비해야 할 시점이다. 이 책을 통해 가장 강조하고자 했던 것은 암호화폐에 대한 집단적 매도 현상 때문에 본질적 가치를 제대로 곱씹어보지 못했던 과거에서 벗어나 열린 사고방식을 가져야 한다는 점이다. 일견 암호화폐는 단순한 화폐가 아니라 미래의 세상을 생각하는 방식에 관한 새로운 사회적 협약으로 볼 수 있다. 당연히 변화는 조정 비용을 초래하고 갈등 요인이 될 수도 있다. 그러나 모두가 더 나은 상태로 나아가기 위한 조정 비용이라면 합의 과정을 통해 사회적으로 감내할 수준을 정해나가면 된다. 과거의 여건에 길들여진 편협하고 단절된 사고방식으로 미래의 주인들에게 실례를 범해서는 안 된다. 암호화폐를 통해 전개될 새로운 세상을 보기도 전에 싹을 잘라버리는 우를 범하지 말아야 한다. 특히 황금 알을 낳는 거위의 배를 가르는 일은 있어서는 안 된다. 이제라도 배제를 위한 편견과 속박에서 자유로워질 수 있는 새로운 민간들의 강력한 힘을 믿어볼 때가 되었다. 연결된 펭귄들의 힘이 리바이어던을 능가할 수 있다는 점은 이미 인류 역사를 통해 도도히 입증되었기 때문이다.

1장

열풍에서 본질로

암호화폐는
누구를 위한 것인가

보통 '화폐'는 즉각적인 믿음의 표시로 인식된다. 추가로 인증하거나 증명하고자 노력할 필요가 없는 것이다. 종이든 금속이든 벽돌이든 상관없이 물질적인 표상이 믿음의 증거 그 자체였다. 그런데 이러한 화폐의 모습은 모바일 디지털 네트워크가 촘촘히 깔려 있는 요즘 들어 무겁고 성가시게 느껴지기 시작했다. 두꺼운 지갑이 촌스럽게 여겨지는 세상이다. 물론 거액을 주고받거나 국경을 넘는 거래에서는 아직도 기존 신뢰 주체들의 역할에 의존하는 것이 현실이지만, 소액 결제는 거의 기존 화폐를 사용하지 않는 방식으로 이루어진 지 오래다. 이러한 화폐에 일반인들이 생경하게 여겼던 암호화 기술이 적용된 이유는 바로 비밀 메시지를 개방 환경에서 주고받기 위해서다. 이는 나와 상대방이 누구인지를 제3자가 검증하는 절차 없이 가치의 이전과 저장을 가능하게 하는 전제 조건이 된다. 거래 당사자들 외에는 암호화된 메시지를 들여다보기 어렵기 때문이다. 더욱이 짜고 치는 고스톱을 방지하기 위해 만인이 인정하는 검증 절차를 거쳐야

거래가 성립되는 구조라서 실제 위조화폐보다 적은 위험으로 거래에 임할 수 있다. 디지털화의 가장 큰 제약이었던 희소성은 특정 신뢰 주체가 아니라, 정교한 규약을 통해 일반 대중이 만들어낸다. 이와 같이 애시당초 암호화폐는 탈중앙화된 네트워크 세상에 적합한 화폐의 조건에 부합한다. 그렇다고 법정화폐가 불필요하거나 사라져야 하는 것은 아니다. 여전히 나름의 편리함이 있고 종이만의 매력은 요즘의 복고 추세에 부합하기도 한다. 어떤 시대든, 암호화폐 사용자가 다수가 된다 해도 다수의 선택이 소수의 선택을 억누르는 일은 지양해야 한다.

모든 것이 연결되어 과거 연결되지 않았을 때의 필수적인 것들이 별 필요가 없어지고 있다. 경제행위에서 가장 중요한 가치의 교환과 이전에도 연결이 가져다주는 변화는 이제 시작일 뿐이다. 실제 암호화폐의 조상 격인 비트코인의 경우 중앙화된 법정 신뢰 기구Trusted Third Party의 개입 없이도 거래 기록의 암호화를 통해 변조나 복제와 관련한 외부 공격으로부터의 취약성을 극복했다. 그리고 네트워크에 연결된 모두가 동일한 기록을 공유하고 다수 참여자들의 검증 과정으로 업데이트를 지속하는 절묘한 구조를 통해 자율적인 지속 가능성까지 확보했다. 기능적으로만 보면 법정화폐나 이를 관리하는 시스템 없이도 가치의 이전과 보관이 가능해진 것이다. 이렇게 거래 기록의 업데이트가 흠결 없이 이루어지면서 기록의 진실성에 의존하는 다른 분야의 경제 행위도 보다 원활히 이루어질 수 있음을 알아차리는 데 오래 걸리지 않았다. 암호화폐가 돌아다니는 이러한 블록체인이라는 시스템의 용처는 앞으로 인터넷이 가져온 변화를 능가하면서 무궁무진하게 개발될 것이다.

특히 기존과 다른 이 혁신적 사고방식의 핵심 산물인 암호화폐는 기존의 질서 내에서 간과되었던 '매개 없는 다양한 연관'을 가능하게 만드는 데 인센티브를 장착하여 기존에 경험하지 못했던 세상을 만들어가는 불쏘시개 역할을 할 것으로 기대된다. 과거와는 다른 틀 안에서 민간의 창의성이 구현될 수 있는 가능성을 열었기 때문이다. 많은 경우 새로운 영역이 발전하는 모습에서 불법적이고 우회적인 의도를 발견하기 쉽다. 선량한 투자자와 일반 대중을 혼란과 비탄에 빠뜨리는 측면도 분명 존재한다. 걸러지지 않은 채로 세상에 던져지기에 불안한 구석이 많다. 그러나 과거의 방식에 머문 채 변화된 세상에서 가능한 다양한 새로움을 파헤치고 시도하려는 의도마저 속단해서는 안 된다. 기존의 수직적 규제 체계에서 다루기 어려운 방식을 불법으로 규정하고 외면하는 것은 미래의 고용과 가치창출의 기반을 부정하는 것과 다르지 않다. 긍정적, 부정적 요소가 혼재된 발전을 열린 자세로 신중하게 살펴봐야 하는 이유다. 실제로 대표적인 암호화폐인 비트코인은 소유자도 없고 명운을 정할 당국이나 주체도 없다. 암호화폐는 대중과 사용자들이 스스로 지키는 네트워크 기반 자산이자 엄연한 화폐다. 여기에는 화폐에 관한 독점적 권한의 주체로서 정부만 존재하는 것이 아니라는 민중의 확고한 태도가 반영되어 있다.

이제 암호화폐는 기존 법정화폐의 직접적 비교 대상을 넘어 자산의 한 분류로서 인정받기 시작했다. 임페리얼 칼리지의 제이넵 구르구크Zeynep Gurguc 박사는 화폐의 개념 자체가 진화하고 있음을 밝혔고 윌리엄 노튼벨트William Knottenbelt 교수는 암호화폐가 지불 수단으로 기능하는 것은 물론이고 다른 용처도 크게 늘어날 것이라고 분석

했다. 실제로 암호화폐 기반의 새로운 지불 시스템과 자산 범주는 점차 진화하고 있으며, 현금—전자화폐—비접촉지불로 끊임없이 발전하고 있는 것이 그 증거다. 비트코인의 문제로 지적되었던 거래 비용도 플라스마Plasma, 캐스퍼Casper, 라이트닝 네트워크Lightning Network의 출시와 더불어 상당 부분 해결되었으며 이제 본격적인 적용 여부만 남은 상황이다. 실제로 칩에어Cheap Air는 다양한 암호화폐를 활용하여 항공권을 구매할 수 있는 서비스를 제공한다. 더 나아가『비트코인 스탠더드The Bitcoin Standard』의 저자인 세이프딘 에이머스Saifedean Ammous 교수는 중앙은행 중심의 금융에 대한 탈중앙화 대안으로서 비트코인이 세계적 화폐 기준에 점차 부합하고 있음을 설파하고 있다.[1]

그러나 이러한 진취적 주장이 무색하게 암호화폐는 전반적으로 아직 기존 프레임에 갇힌 채 호응을 얻지 못하고 동력을 상실하고 있다. 더욱이 가장 철저하게 규율되어온 금융 분야에 던져진 충격파는 기존 참여자들의 강력한 반발과 대응으로 시장에 왜곡되어 투영되기 시작했다. 상당 부분 기존 체제의 한계에 대한 반발로 시작된 운동이 기득권들의 지배력을 유지하는 도구로 적극 활용되고 있다. 레거시 체제의 한계를 극복하고 발전된 모습을 갖춰나가려면 아직 상당한 시간과 준비가 필요한 것이 현실이다. 암호화폐로 인해 변화될 세상에 다수가 공감해야만 더욱 넓어진 신뢰토대 위에서 밝은 미래가 준비될

---

[1] Dr. Zeynep Gurguc and Prof. William Knottenbelt, *CRYPTOCURRENCIES: OVERCOMING BARRIERS TO TRUST AND ADOPTION*, Imperial College London 2018.
Saifedean Ammous, *The Bitcoin Standard: The Decentralized Alternative to Central Banking*, Wiley 2018.

수 있다.

암호화폐 해부하기

암호화폐 시스템을 유지하는 핵심 요소는 해시hash와 합의도출 프로토콜consensus protocol이다. 해시는 일종의 지문이나 자취로 볼 수 있는데 블록마다 고유의 값을 가진다. 각 거래 내용이 기록된 블록은 이전 블록의 해시 값을 포함하므로 기록 내역을 변경하려면 결국은 모든 블록에 손대야 하는 수고가 따른다. 많은 전기료를 지불해가며 이어온 블록들을 더 많은 대가를 치르고 고쳐 나갈만한 동기를 찾기는 어렵다. 오히려 보다 완벽한 검증을 통해 최선의 기록을 이어나가는 편이 인센티브 차원에서 훨씬 유리한 선택이다. 즉 블록을 체인으로 연결하는 과정에서는 경제적으로 최선의 노력을 다해 제대로 된 기록이 보전될 수 있도록 유도하는 확실한 인센티브를 제공하게 된다. 그래서 다양한 블록체인 중에서도 가장 긴 체인이 지속적으로 선택된다. 엄청난 노력을 들여서 판을 뒤집고 기록을 다 바꿔칠 만큼의 경제적 이윤이 없기 때문이다. 만약 블록 사이즈 등에 관한 이견으로 사용, 개발, 검증, 운영 관련자들간의 합의가 어려운 경우에는 하드포크Hard Fork를 통해 새로운 블록을 쌓아나가게 된다.

비트코인은 안정적인 금융 서비스를 제공받을 수 있는 토대를 가지고 있고, 특히 통상적 신뢰 주체들의 자의적이고 임의적인 개입의 피해로부터 자유롭기에 국제 금융 시스템에서 핵심적 위치를 확보할 수 있는 좋은 배경을 가진 셈이다. 미국 등 기축통화 국가가 세계적 기축통화 자산의 유일한 공급처로서 과도한 혜택exorbitant privilege을 누리는 것은 문제가 있기 때문이다. 소위 트리핀 딜레마Triffin Dilemma는 기축통화 국가의 적자에 의존한 글로벌 유동성 공급이 중장기적으로 지속 가능하지 않은 선택임을 갈파하고 있다. 즉 지속적인 미국의 적자를 배경으로 달러라는 법정화폐를 글로벌 유동성으로 활용하는 데는 한계가 있다는 것이다. 국가라는 뚜렷한 발행 및 관리 주체의 신뢰기반이 글로벌 차원에서 인식되려면 국력이 뒷받침되어야 하는데 적자가 계속 커진다면 신뢰기반도 굳건하게 지켜내기 힘들어진다. 따라서 이제는 글로벌 금융 체제의 관점에서도 글로벌 초연결 환경에 적합한 화폐 기능이 요구되는 상황이다. 비트코인은 이러한 시대적 상황적 요구에 부응할 수 있는 전향적 기회를 던지고 있다.

이처럼 모든 것이 연결되어 움직이는 초연결 환경에서 아직도 국경을 중심으로 이루어지는 체제적 단절은 시장 마찰 요인임에 틀림없다. 물론 지금까지 발달한 체제가 역사적 배경을 가지고 발전해온 점은 부정하기 어렵다. 더욱이 거듭된 위기와 같은 많은 문제에도 불구하고 아직은 믿을만한 대안이 없다고 인식되고 있기에 상대적으로 신뢰할만한 선택임에 틀림없다. 그러나 참여자를 제한하고 독점적 지배구조의 신뢰토대 위에서 제공되는 서비스는 분명 포용성에서 한계를 가질 수밖에 없다. 지금까지 금융 안정의 기본 원칙이 철저한 비적격 요소의 배제와 적격 요소의 선택에 기초해왔기 때문이다.

한편으로 특정 가이드라인의 준수를 요구하는 기존 방식과는 달리 포용과 연관을 통해 금융 안정을 지켜낼 수 있는 가능성이 점차 초연결 환경에서 열리고 있다. 그런데 이러한 기회를 발전시키려면 기득권들의 열린 자세가 절대적으로 필요하다. 대안의 타당성이나 가능성을 평가할 근거를 기존의 틀에서는 찾기 어렵기 때문이다. 이러한 대안의 싹수를 잘라버리려는 이유를 모르는 것은 아니지만 모두를 위한 미래를 준비한다는 차원에서는 적극적으로 다각도의 검토가 선행되어야 한다. 실제 연결 환경에서의 금융 안정은 과거의 단절된 환경에서의 금융 안정 수칙과는 상당히 달라질 수밖에 없다. 특정 신뢰 주체의 가이드라인을 준수하는 것만으로 금융 안정을 지켜내기 힘들다는 사실은 과거 거듭된 위기를 경험하면서 무려 3차에 걸쳐 바젤Basel 기준이 개정된 것을 보면 명백히 알 수 있다. 자본 적정성이 문제가 되어 아시아 금융위기가 발생했다는 분석 이후 추가적으로 각종 유동성 규제가 강화되었다. 그러나 양극화가 심화되는 현재 상황은 강화 일변도의 규제로 인해 시스템 차원의 위험이 제대로 관리되는지를 판단하기조차 어렵다. 분열된 국가 단위로 강화되는 규제 가이드라인이 초연결 환경에서의 위험관리에 어떤 영향을 주는지 파악할 방도가 없다. 이제 상부하달식의 시장 참여 방식으로는 책임 소재의 파악조차 힘든 복잡한 금융 거래의 위험요인을 전가하기 어렵기 때문이다. 모든 가치가 어우러져 만들어지는 환경에서는 위험관리의 주체가 정부 부처로 국한되는 것이 아니라 모든 주체들이며 그래서 공동체 차원의 책임 의식과 신뢰 구축 노력이 요구된다. 자발적인 신뢰 구축이 어려워지면 공동체 기반 가치가 파괴되고 그것이 시장에 반영되는 구조다. 특정 주체가 시장 안정과 보호의 책임을 도맡는 과거와는 완전히 상이한 구도임에 틀림없다.

이러한 맥락에서 탈중앙화된 환경에 작동하도록 특화된 암호화폐는 기존과 새로운 영역 사이에서 마찰을 줄일 수 있는 획기적 대안이다. 기존 세상에서 저 너머 세상을 경험하고 준비할 수 있는 티켓인 것이다. 암호화폐를 주고받는 데는 누구의 허락도 필요하지 않다. 대다수가 아직 법정화폐로 월급을 받고 있는 상황에서 교환소나 쌍방 간의 교환을 통해 기존 가치가 암호화폐로 전환되는 순간 그 누구의 간섭에서도 자유로워진다. 그만큼 암호화폐는 글로벌 화폐로서의 기능을 자체적 공간에서만이라도 멋지게 수행하는 셈이다. 그러나 새로운 공간에서 할 수 있는 일은 기존 세상에 비할 바가 아니다. 아직 시작 단계이기 때문이다. 따라서 양 체제 간의 형평성을 위해, 그리고 규제 차익을 해소하기 위해서라도 새로운 영역에 대한 이해를 높이고 기존 세상과의 연결과 병행을 위한 다양한 준비가 필요하다.

암호화폐의 주인은 누구인가

암호화폐는 법적으로 인정받는 특정 신뢰 주체가 만들어내는 것이라기보다는 본질적으로 관심 있는 민간 주체들의 참여를 통해 만들어나가는 것이다. 법정화폐는 발행 주체가 법적 기반이 있는 중앙은행이고 한 나라의 신뢰토대를 대변하는 핵심적인 거래 촉진 역할을 수행한다. 또한 모든 가치의 저장 수단으로서의 기능도 수행한다. 적어도 세금을 부과할 수 있는 국가 체제가 존재하는 한 법정화폐는 구성원들 간의 신뢰를 대표하는 기둥 역할을 수행할 것이다. 예상했지만 민간들이 간섭 없이 스스로의 참여를 통해 만들어내는 화폐적 기능을 기존의 시각에서 그대로 받아들일 방법은 없다.

2017년 말 폭풍처럼 불어닥쳤던 암호화폐 현상을 다시 들여다보자. 유난히 강했던 투자 열풍의 배경에는 우리나라가 정보통신기술에 강한 나라라는 이유도 물론 있지만, 한편으로는 조그만 기회라도 진지하게 여길 수밖에 없는 절박함도 있다. 암호화폐는 마지막 비상구로서 여겨졌지만 지금은 환경이 많이 달라졌음을 쉽게 느낄 수 있다. 이제는 암호화폐 자체에 대한 열광이라기보다는 기존의 것과 다른 그 무언가에 희망을 걸고 싶은 다수가 존재한다.

지금 젊은 세대들에게 한국사회는 기득권들의 꽉 짜인 적격성 테스트로 둘러쳐진 정글과 다를 바 없다. 금수저가 아닌 이상 온갖 스펙을 다 쌓아봐도 소수 엘리트 계급에 진입하는 건 기적에 가깝다. 물질적으로 풍요로워 보이는 세상이지만 실상은 어떤가? 자유는 제한적이고 새롭게 경제적 부를 축적하고 키워내는 건 힘들어졌다. 세상이 몇 번 바뀌었는데 우리가 선택 가능한 자산의 범주는 여전히 과거와 다르지 않다. 그래서 부동산, 특히 강남 아파트만이 진정한 안전 자산으로 부각되는 것이다. 그러나 신뢰의 토대가 한곳으로 집중되는 것만큼 불안한 것은 없다. 모두가 인정하는 기초 기반이 점차 편협하게 재편되고 가치가 급등하는 현상이야말로 초연결 환경에서 다수가 기대하는 것과는 정반대의 상황이다.

이미 자산을 보유한 사람들과 그렇지 못한 사람들 사이의 격차는 더욱 커져가는데, 이를 단기에 완화하기 위한 정책 노력은 오히려 중장기적 전망을 불투명하게 하는 요인으로 작용하고 있다. 이러한 불안은 안전 내지 우량 자산 수요를 더욱 심화시키고 있다. 게다가 우리는 전례 없는 고령화로 은퇴 인구가 급증하는 인구구조학적 변화에 노출되어 있다. 암호화폐가 펼치는 세상이 먼 나라의 이야기일 뿐인 대부분의 은퇴 계층에게는 강남 아파트만이 변함없는 안전자산이다.

은퇴 인구가 늘어날수록 부동산 가격만 자극되는 구도다. 자신의 미래를 위한 선택이 사회 전체를 더욱 불안하게 하는 측면이 강해지는데도 달리 선택할 여지는 별로 없다. 정작 눈을 돌려 준비해야 할 미래에 대해서는 아무도 나설 의사가 없다. 의사가 있더라도 감히 나서기 어렵다. 생태계조차 형성되지 않았는데 섣불리 진입하다가는 고생만 하다 퇴출된다는 교훈을 너무도 생생히 경험했기 때문이다.

한마디로 세상이 뒤집어졌는데 우리의 미래를 맡길 자산토대는 여전히 편협한 상태이며 사회적으로 인정하는 가치도 넓혀지지 못하고 오히려 좁아졌다. 경제의 저변을 다변화하고 시장을 넓히려는 노력 없이 기존 신뢰 주체나 신뢰기반으로 집중되는 현상을 규제나 정책으로 막는 것은 불가능하다. 더욱이 기존 체제의 문제를 고치려는 노력마저도 단기 효과를 넘어서 신뢰토대의 확대나 자산 범주의 다양화에 기여하기는 어렵다. 역시 정부와 공공기관이 최고라는 인식은 강화될 수밖에 없다.

문제는 이렇게 드러나는 신뢰 주체가 존재하는 한 암호화폐가 만들어갈 수 있는 새로운 세상은 시작도 못하게 된다는 점이다. 움츠러드는 분위기에서는 암호화폐와 같은 미래 가치의 가능성조차 인정하기 어렵다. 눈에 보이는 믿을만한 대상은 정부와 공무원과 기존 신뢰 주체들의 그늘뿐이다. 적은 자본과 아이디어만으로 사업을 시작한 많은 이들이 사업 허가를 받기도 전에 접어야 하는 상황에 처해 있다. 일부는 해외로 규제 차원의 난민 신청을 할 정도로 다급하다. 그래서 공무원 지망생만 늘어나고 사회는 축소 지향적인 재정 프로그램에 더욱 의존한다. 세상의 변화를 활용하기보다 외면하고 있다. 아니면 진지한 노력 없이 성과만을 기대하는 분위기가 팽배하다.

　기존 중앙집중형 레거시 체제의 특징인 배제와 규제에 의존하는 안정과 보호는 다수의 기회를 제한하는 효과를 일으킬 뿐이다. 이제 엘리트 계층에 진입하려는 이들의 노력은 포기 상태에 도달했다. 문제의 원인은 과도한 중앙집중화와 함께 투입과 산출이 하나의 연결고리로 고정된 '일방향 파이프라인 가치 전달 체계'와 같은 구조적 문제다. 그러나 당장의 이해관계와 제약에 얽매인 우리는 공공재 성격의 이러한 문제를 해결하는 일에 감히 엄두를 내지 못한다. 가치창출을 위한 경제활동 영역에 진입하느냐 소멸하느냐의 극단적 상황에서 미래 세대를 위해 준비하는 일이 과연 효과가 있을지 깊은 의문이 들 수밖에 없다. 더욱이 대부분이 모바일폰을 들여다보고 있는, 모바일 네트워크로 촘촘히 연결된 세상에서 자산을 보유하지 못한 사회구성원들이 새로운 가치나 가능성에 관심을 보이는 건 당연한 일이다. 연결 정도에 상응하는 새로운 부의 창출 기회가 있어야 하는데 현실에서는 강남의 부동산뿐이다. 연결이 촘촘해지면 고용시장도 획기적으로 바뀌어 모두에게 일할 수 있는 기회가 주어져야 하는데 현실은 여전히 거대 기업 위주로 돌아간다. 연결 환경이 우리에게 투영된 모습에서 우리는 어떠한 획기적 변화도 관찰하지 못하고 있다. 외부에서는 플랫폼 경제 등을 외치면서 새로운 고용시장과 유니콘 기업들을 자랑하는데 혁신은 여전히 대기업 위주이며 많은 스타트업들은 기울어진 운동장에서 서 있기조차 힘든 실정이다.

　이와 같이 자산이나 소득 모두 기득권들이 거의 대부분을 차지하고 있는데 아무것도 가지지 못한 일반 대중들의 몸부림은 더욱 처절

해질 수밖에 없다. 그러니 다양한 종류의 버블로부터 대중을 보호해야만 하는 정부의 안타까움은 산불을 잡으려는 소방수같이 보일 뿐이다. 어지러운 세상을 묵묵히 떠받치고 있는 일반 대중들이 지향하는 세상은 점차 차가운 현실과 거리를 보이고 있다. 아이디어만 있으면 모든 것이 가능할 것 같은 세상인데 실제로는 어떤 것도 시도하기 어려운 질곡 속에 갇힌 듯 보인다. 경제활동에 새롭게 참여하는 관문을 통과하는 것이 이렇게 어려운 세상인데 한편에서는 모든 것이 가능한 '기술토피아'의 세상을 설파한다. 여러 종류의 버블을 다양하게 경험한 경제 주체들에게 새로운 가치의 가능성을 식상하지 않고 설득력 있게 설명할 수 있다며 관심을 끄는 일은 어렵지 않다. 그래서 제대로 이해하기는 어렵지만 가능성만으로도 암호화폐는 암호 자산으로서의 가치가 유망해 보인다.

한때 투기 대상으로 간주되었던 암호화폐는 기존의 자산버블과 현상은 동일하다고 해도 메시지는 본질적으로 다르다. 자발적으로 기존의 것에 의존하지 않고 무언가를 스스로 이루어내고 싶다는 열망과 그것을 특정 주체의 힘을 빌려서가 아닌 대중의 참여를 통해 일궈내려는 의식이 바탕에 깔려 있다. 기존 질서에 저항적인 요소가 있기에 과장되고 극단적으로 포장되기 쉽지만 저변에 흐르는 정신은 세상의 주인에게 주인의식을 되돌려주겠다는 점과 소수에게 맡겨진 신뢰토대로 작동하는 현재의 레거시 제체에 무작정 일방적으로 의존하지 않아도 된다는 메시지다. 어쩌면 한계를 보이기 시작한 레거시 체제의 보완적 요소를 담고 있다고 볼 수도 있다. 그래서 반체제적인 움직임이 아니라 미래를 제대로 준비하는 데 반드시 감안해야 할 귀중한 메시지로 받아들이는 것이 맞다.

물론 이러한 내용을 담고 있는 무언가에 열광한다는 자체가 근거가 취약한 열정이라고 볼 수도 있다. 가치평가의 기준조차 마련되지 않은 상태에서 평가를 한다는 것은 거의 불가능한 일이기는 하다. 암호화폐의 핵심적인 제반 요소가 제대로 파악되지도 않았고 미래 가치를 판단하기 위한 기득권들의 관심과 참여도 아직은 극히 제한적이다. 모든 것이 흐릿하게 보이는 세상이 장기화될수록 미래 세대는 더 큰 좌절에 직면할 수 밖에 없다. 기성 세대들이 주어진 나름의 환경을 배경으로 현재의 성과를 일궈냈듯이 미래 세대에게도 그들이 주역이 되어 더 큰 성과를 만들어낼 수 있는 기회가 엿보여야 할 텐데 실상은 어떤가? 레거시의 그림자가 너무 짙다. 기득권들의 시각이 우선되면서 판을 새롭게 짜는 데 필요한 노력들은 제대로 거론조차 안 되고 있다. 현재 체제의 연장선상에서 기존 참여자들의 이익을 지키기 위해 노력하는 것이 아니라 다수가 경제활동에 참여할 수 있는 새로운 기회 창출이 우선되어야 하지만, 여전히 레거시 체제의 유지를 위한 이전투구는 사그라들 줄 모른다. 다르게 생각해볼 수 있는 것들에 대해서는 어차피 안 될 것들에 노력을 쏟는 것이 아깝다는 시각이다. 모두가 참여해 함께 만들어가야 할 미래 가치를 두고 기존의 시각에 함몰되어 불완전한 부분만 지적하고 있으니 이도 저도 안 되기 십상이다. 결국 새롭게 진정한 가치로 커나가야 할 암호화폐가 공통적인 이해관계의 틀 안에서 단기 투기의 대상으로 간주될 수밖에 없는 구도가 된 것이다. 일반 대중 스스로 세상의 주인 역할을 일부라도 할 수 있다는 의식의 전환이 없다면 암호화폐는 여전히 투기 대상으로 남아 있을 것이다.

이러한 절박한 사회적 배경 때문에 기존 체제에서 벗어나 새로운 가치를 창출할 가능성에 열광하는 계층은 체제 아래로 숨어들기 시작했다. 이미 기술적으로는 기득권들의 역할 없이도 경제활동 참여와 수수료 절감이 가능한 P2P(peer to peer, 개인 간 거래) 세상은 구현 가능하다. 저 너머에서 보였던 기회가 일부에게 현실화되어 가능성에 열광하는 시장 분위기가 싹텄다. 그 후로 버블을 넘어선 집단적 쏠림 현상이 나타났고 지금은 그에 상응하는 전면적 규제가 실질적인 시장 기능의 저하를 통해 안정 기조를 유지하는 데 활용되고 있다. 그러나 잠재적 혁신과 효율성이 기득권들의 그늘에 가려진 시장에 방치되어야 할 이유는 없다. 이후에 혁신적 가치를 받아들일 준비가 갖추어지면서 보다 강력한 시장 인센티브가 파악되면 가치창출의 파괴력은 버블 징후로 구현되기에 충분하다. 닷컴버블 이후에 IT 공룡들이 출현했듯이 모든 기술 요인이 구동하는 가치창출은 이러한 전형적인 발전 패턴을 따른다.[2] 2017년 하반기에 반짝했던 암호화폐는 안정적 변화의 한계와 혁신적 충격의 변동성이 혼재되면서 앞으로도 상당 기간 검증을 거칠 것이다. 다만 이번에는 거대 공룡이 아닌 재빠르고 명민한 새로운 주체들이 생태계의 주역으로 등장할 가능성이 높다. 그러니 당장의 시장 과열을 방지하려는 시각도 중요하지만 저 너머의 세계를 모두가 같이 준비하려는 노력이 절대로 방치되거나 간과되어서

---

[2] "Digital strategy: Understanding the Economics of Disruption", 「McKinsey Quarterly」, 2016. 04.

는 안 된다. 미래에 전개될 생태계에서의 승자는 이러한 환경에 최적화되어야 하므로 이를 위한 준비는 절대적으로 중요하다.

암호화폐가 만들어가는 세상이 과연 어떤 모습일지는 새로운 가치 창출이 다양한 방식으로 가능한 미래를 우리가 얼마나 열망하느냐에 달려 있다. 4번 타자의 홈런만을 기대하기에는 세상이 너무도 달라졌다. 주어진 여건에 따라 입장이 극명하게 다르겠지만 거대한 자본이나 특수한 기술과 재능이 없는 보통 사람들이 주도하는 새로운 세계를 다시금 새로운 시각으로 보게 되는 이유다. 만에 하나가 세상을 바꿀 수 있기 때문이다. 그렇다고 4번 타자를 외면하거나 주저앉혀서도 안 된다. 오케스트라처럼 조화를 일궈낼 수 있는 조직이나 국가가 미래 성장의 주역이 될 것이라는 점에는 이견이 있을 수 없다. 그래서 어쩌면 파멸의 전주곡일 수도, 아니면 번영의 기회일 수도 있는 암호화폐의 혁신 요소를 어떻게 받아들이고 잘 키워낼지 대중의 지혜가 필요하다. 암호화폐에 기반을 둔 여러 노력들이 한여름 밤의 꿈으로 치부되지 않도록 모두의 관심과 모니터링, 참여가 필요하다.

탈중앙화된 세상에서는 방관자와 대리인으로 안주할 수 없다

암호화폐의 핵심적 메시지는 무엇인가? 이 책은 이를 파헤치기 위해 쓰였다. 지금까지의 생존법칙은 적자생존과 양육강식이었지만 연결된 세상의 생존법칙은 함께 공존하는 순환계의 모습이다. 기존 체제가 거대 자본과 재능을 집중하여 경쟁력을 갖추면서 끊임없는 경쟁과 퇴출을 통해 초기 생존 기반을 구축한 데 비해, 모두가 모두에게 의존해 있는 오늘날에는 연결된 생태계의 가치창출을 위해 새롭게 모든 것을 재조명하고 재연결하는 노력이 필요하다. 착취 구조로는 그늘만 짙어질 뿐 결국 공멸하게 된다는 생태계의 진리는 누구에게나 공히 적용되는 원칙이다. 이는 자본 축적이 우선시되었던 과거와는 정반대의 사고방식이다. 폐쇄적 단절과 퇴출 과정을 거쳐 탄생한 초엘리트 집단이 아니라 단절되고 퇴출된 집단의 재연결과 자발적 기여가 가치창출의 기반이 되는 구도이기 때문이다. '피라미드의 바닥Bottom of the Pyramid', 즉 경제적으로 최하층에 해당하는 세계 인구 대다수 사람들로부터 희망의 기회를 얻을 수 있듯이, 거대 생태계의 연결을 통해 만들어낼 수 있는 가치의 폭발력을 미국 「포춘Fortune」 선정 500대 기업의 3분의 1가량을 차지하고 있는 플랫폼 유니콘 기업들이 현실에서 증명하고 있다. 사실 구글Google이나 아마존Amazon의 가치는 이를 사용하는 사용자들이 만들어낸 가치의 비중이 매우 크다. 연결은 이렇게 시장과 참여자와 경제활동 방식 전반에 걸쳐 엄청난 변화를 만들어내고 있다.

그런데 이는 초기 단계에 불과하다. 이제부터는 법정화폐만으로 불가능했던 수평적 연결에 대한 보상 체계와 인센티브를 내장한 암호화폐를 통해 또 다른 차원으로의 도약이 기획되고 있다. 바로 탈중앙화된 플랫폼 기반 위에서의 가치창출이다. 지금까지의 가치창출 네트워크 효과가 기존 체제 기반에서 이루어졌다면 이제부터는 본격적인 탈중앙화의 구도하에서, 모두가 다양하게 연결되는 기반 위에서 가치창출을 꿈꿀 수 있게 되었다. 이를 가능케 하는 연료가 바로 암호화폐.

중앙은행이나 정부가 관리하지 않는 민간들끼리의 거래가 가능해진다는 사실은 거래의 효율성과 보안성 면에서 그리고 수평적 연관의 힘이 구현될 수 있는 자율성이 지켜진다는 면에서 혁명적인 변화임에 틀림없다. 정부의 수직적이고 독점적 지위는 초연결 환경에서 더 이상 유효하지 않다. 환경 변화에 맞는 탈중앙화의 기구나 제도가 발전적으로 갖춰지는 것은 당연한 대응이다. 다만 어느 정도의 탈중앙화가 허용될 수 있는지는 단순한 기술적 차원의 평가를 넘어선 문제다.

이 책에서는 우리가 사는 사회를 운영하는 체제의 발전적 진화 차원에서 탈중앙화된 활동을 허용하는 것이 바람직하다는 점과 이를 위한 모두의 책임과 기여에 대해 논하고자 한다. 더 이상 방관자와 대리인으로 안주하던 세상은 기대하기 어렵다. 연결은 이렇게 혜택과 책임을 동시에 선사한다. 모처럼 민간에게 선물이 주어졌지만 준비가 안 된 상태에서는 놓쳐버리기 쉽다. 그렇게 된다면 우리 사회는 또 다른 중앙화된 시스템으로 발전할 것이다. 이는 모든 민간들의 프라이버시까지 통제되는 매트릭스 사회로의 종속을 뜻한다. 변화에 깨어 있고 책임 있는 주인으로서의 권리를 행사하려면 탈중앙화된 기회를 살려나가야 한다. 그래야 균형 있는 생태계에서 주인 역할을 지속할 수 있다.

결론적으로 암호화폐란 다양하게 연결된 환경 변화에 대응하기 위한 우리와 주변의 본질적 변화를 일구어내는 촉매제라고 할 수 있다. 암호화폐가 단순히 돈을 벌기 위한 투기 대상이 아니라 기존 체제가 만들지 못하는 여건을 다수에게 제공해준다는 믿음에 보다 폭넓은 공감대가 필요한 이유다. 적어도 이러한 배경에서 암호화폐를 살펴볼 필요가 있다. 암호화폐는 법적 신뢰 주체의 인증 대신 암호화 기술로 기존 지배구조의 분산과 공유를 현실화하여 새롭게 짜인 세상의 가치를 구현하기 위한 수단이다. 이러한 암호화폐의 모습이야말로 미래의 주인이 누구며, 어떻게 그 역할을 수행할 것인지에 대한 미완의 다양한 답변으로 볼 수 있다.

폭발적 관심 이후 암호화폐의 운명을 묻는다

암호화폐는 투기 수단으로 고안된 것이 아니다. 우리에게 익숙한 통화정책의 수단도 아니다. 발행량을 늘려 약간의 인플레이션을 조장함으로써 거래 수단으로서의 기능을 지탱하려는 노력까지도 철저히 배제한 탈중앙화의 수단이다. 비트코인도 마찬가지다. 금광을 채굴하는 것처럼 발행량도 정해져 있고 채굴량도 점점 줄어들게 고안되었다. 코인 생성 소프트웨어를 구동하는 비트코인 채굴자는 한 묶음의 새로운 비트코인을 시간당 여섯 번 정도 생성해 배분할 수 있도록 되어 있다. 이 채굴자가 코인을 받을 수 있는 확률은 정해진 목표값 이하의 해시를 만들어낼 확률과 같으며, 비트코인이 묶음당 생성되는 양은 50BTC을 넘지 않는다. 변동분은 21만 코인이 될 때마다 절반으로 줄어들며 전체 2,100만 개를 넘지 않게 설계되어 있다.[3] 왜 2,100만 개로 고정을 시켜놓았는지는 기존 통화정책의 문제와 직결

---

3   https://ko.wikipedia.org/wiki/비트코인

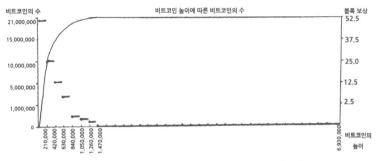

• 비트코인의 통제된 공급은 비트코인 높이와 블록 보상의 기능(결과)다.
• 블록보상은 50BTC에서 시작됐다.
• 블록 보상은 매 2,100만 개까지 이어질 것이다.
• 현재 블록체인 데이터 구조의 한계점 때문에 비트코인의 현재 최대 수치는 20,000,000.976에 머무른다.

비트코인의 조절된 공급량(자료: https://en.bitcoin.it/wiki/Controlled_supply)

되어 있다.[4]

    이는 과거 중앙은행 고유의 기능을 다수가 참여하여 실질적인 통화정책을 공히 수행하는 셈이다. 현재의 법정화폐 관리 주체인 중앙은행은 통화정책의 책임도 맡고 있는데 그 핵심이 통화량의 공급 조절이다. 그런데 많은 경우 경제적 상황에 따라 통화량을 늘리고 줄이는 과정을 통해 경기의 진폭을 완화하고 안정 성장과 물가 안정의 목표를 달성하는 것으로 부여된 임무는 종종 자의적 판단으로 희석되곤 한다. 통화 증가율을 과도하게 높여서 초래되는 인플레이션은 역사를 통해 흔히 관찰할 수 있다. 그러한 이유로 비트코인은 금광에서 금을 채굴하는 것과 비슷한 속도로 생성되도록 설계되었고, 금광을 보유하는 것이 제한되듯이 상한선을 두어 장기적인 불확실성을 원천적으로

---

4   https://bashco.github.io/

제거하려는 의도가 반영되어 있다. 결국 처음에 참여한 소수의 합의에 의한 규약, 즉 프로토콜은 비트코인에 대한 신뢰를 지켜나가는 데 가장 핵심적인 역할을 수행한다. 아직도 코드 자체의 개선 정도에는 합의가 수시로 이루어지지만 이러한 근본 규약의 변경은 극히 제한적이었다. 물론 하드포크 등으로 다른 규약을 만들어내기도 하지만 초기부터 참여했던 다수의 공감대를 흩뜨릴 만큼의 지지는 얻지 못하고 있다. 어쩌면 비교되기 어려운 이질적 플랫폼에서의 이러한 규약이 기존 통화정책의 기반인 중앙은행의 권한이나 사명에 영향을 줄 것으로 기대하지는 않지만 이러한 모든 것이 사회구성원들의 합의와 신뢰에 기초해서 작동한다면 금융 분야의 독점적 지위로 이루어지는 제반 패러다임에 대해 새로운 시각으로 들여다볼 여지는 충분하다. 특히 그동안의 신뢰 실패의 원인으로 작용했던 돈 찍어내기라든가 자의적인 정책 집행과 관련된 피해가 거듭된 위기로 다수에게 피해를 준 역사적 사실을 경험한 이상 과도할 정도로 간주되는 비트코인 프로토콜은 미래의 발전된 준비를 위해 필수적인 노력으로 판단된다.

　무엇보다도 정책을 빌미로 이루어지는 개입 여지를 차단한 독특한 설계는 어떤 식으로든 신뢰토대를 지켜내겠다는 뜻이 반영되어 있다. 당연히 모든 선택에는 대가가 따른다. 비트코인에는 화폐를 활용하려는 유인보다 발행량 축소와 연관된 디플레이션 압력으로 인해 보관하려는 유인이 강하게 작용하기 때문이다. '악화가 양화를 구축한다'는 말처럼 비트코인은 활용되기보다 장기적인 투자, 즉 가치 저장 수단으로서의 매력이 커 보인다. 실제로 블록체인과 비트코인은 소수의 허가받은 법적 신뢰 주체들이 실질적으로 독점 운영하는 전통적 규제산업인 금융 분야에서 작동할 수 있는 대안적 가치창출 수단으로 고안되었다. 다수가 참여해서 새로운 가치를 만들어내는 사례들이 구체화될수록 지금은 실체가 없는 것으로 간주되는 새로운 세상에 대한 회의가 극복될 수 있다. 그런데 이런 가능성은 기존 체제와 참여자들의 편협함으로 시도조차 되지 못한 채 사멸될 위험이 있다. 이래저래 최근의 버블 현상은 암호화폐의 본질과는 거리가 먼 주변적 이슈로 볼 수 있다.

모든 새로운 혁신은 사회에 소개되고 인정되는 과정에서 다수의 검증을 거치게 된다. 이때 연관된 변화의 폭과 깊이에 따라 사회구성원들의 반응도 달라진다. 변화의 폭이 매우 클 것으로 예상되는 근본적 차원의 기술일수록 과거의 러다이트Luddite 운동과 같은 극단적 반응을 부를 가능성이 높다. 2009년 1월에 비트코인이 소개된 이래 최근 들어 탄력을 받고 있는 블록체인 기반의 암호화폐는 지금까지 결제 기능을 구동했던 중앙화된 시스템의 도움 없이 익명의 민간들끼리 탈중앙화 방식으로 금융의 가장 핵심적인 가치 이전과 저장 서비스를 구현해낼 수 있음을 입증했다. 돈이 없으면 아무것도 할 수 없는 세상에서 전혀 새로운 차원의 화폐가 등장한 것이다. 말하자면 중앙은행이나 은행 시스템의 어떠한 개입도 없이 P2P 거래가 가능해진 것이다. P2P 거래 자체도 놀라운 일인데 이를 응용한 더욱 다양한 시도들이 봇물처럼 쏟아지고 있다. 심지어 최근에는 탈중앙화의 발전을 앞당기기 위해 노드node[5]의 네트워크 재원을 측정하거나 노드 간의 연

---

[5] 블록체인에서는 중앙집중형 서버에 거래 기록을 보관하거나 관리하는 것이 아니라, 거래에 참여하는 개개인의 서버들이 모여 네트워크를 유지하고 관리한다. 이때 개개인의 서버, 즉 참여자를 노드라고 한다.

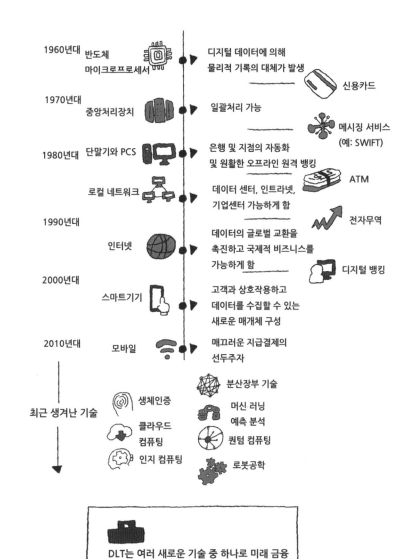

1960년대	반도체 마이크로프로세서		디지털 데이터에 의해 물리적 기록의 대체가 발생	
				신용카드
1970년대	중앙처리장치		일괄처리 가능	
				메시징 서비스 (예: SWIFT)
1980년대	단말기와 PCS		은행 및 지점의 자동화 및 원활한 오프라인 원격 뱅킹	
				ATM
	로컬 네트워크		데이터 센터, 인트라넷, 기업센터 가능하게 함	
1990년대				전자무역
	인터넷		데이터의 글로벌 교환을 촉진하고 국제적 비즈니스를 가능하게 함	
2000년대				디지털 뱅킹
	스마트기기		고객과 상호작용하고 데이터를 수집할 수 있는 새로운 매개체 구성	
2010년대	모바일		매끄러운 지급결제의 선두주자	

최근 생겨난 기술

생체인증
클라우드 컴퓨팅
인지 컴퓨팅

분산장부 기술
머신 러닝 예측 분석
퀀텀 컴퓨팅
로봇공학

DLT는 여러 새로운 기술 중 하나로 미래 금융
서비스 인프라를 형성하는 도구가 될 것이다

기술 발전에 따른 금융의 변화(자료: 세계경제포럼)

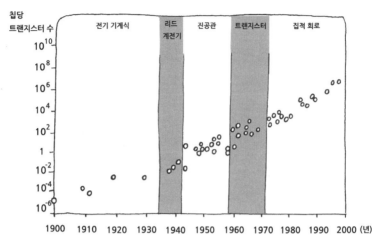

칩당
트랜지스터 수

무어의 법칙(다섯 번째 패러다임): 패러다임의 변화를 주도하는 기술의 발전(자료: 세계경제포럼)

관성, 노드의 작동에 영향을 주는 프로토콜 조건, 공격에 대한 저항성 등을 토대로 팔콘 릴레이 네트워크Falcon Relay Network[6]를 활용하는 계량적 탈중앙화 척도도 개발되고 있다. 이제 소수가 주무르던 화폐 영역에도 다수가 참여하게 되었고, 오픈소스 소프트웨어에 기반을 둔 프로그램 가능한 화폐가 새로운 세상을 열기 시작했다. 초연결 환경의 의미를 점차 깨닫는 과정으로 보인다. 이처럼 새로운 시대의 요구에 대한 답변들은 계속해서 다양하게 제시되고 있다.

연결된 네트워크의 특성을 최대한 활용하려는 암호화폐는 기존의 전통적 신뢰토대를 다수의 참여와 암호 기술로 새롭게 구축하는

---

[6] 팔콘은 비트코인 블록을 위한 새로운 중계 네트워크relay network다. 블록의 전송 속도를 높이고 유실을 줄이며 블록체인의 보안을 향상시킨다.

것을 지향한다. 법적 신뢰로 돈을 돌리는 것이 기존 시스템이었다면, 지금의 자금 흐름은 개방참여형 알고리즘 기반 신뢰를 바탕으로 돈을 돌리는 것으로 볼 수 있다. 다양한 종류의 암호화폐들은 각기 그 의미와 색깔이 다르겠지만 적어도 암호화폐를 바라보는 사람들 사이에는 공감대가 형성되어 있다. 그러므로 권력의 행방이 한곳에 집중되었던 과거와 달리 지금의 분권화된 상황에서는 다수가 참여한 가운데 연관 및 검증 과정을 거쳐야 비로소 거대한 추세의 방향을 가늠할 수 있다. 문제는 이러한 공감대 형성이 쉽지 않다는 점이다. 정부 조직은 물론 과거의 행정 조직들도 모두 마찬가지다.

한편으로 이미 촘촘하게 연결된 거대한 사물인터넷Internet of Things, IoT 환경 속에서 기존 조직들은 고도로 분열되고 특화되는 추세를 보이고 있다. 조직 체계상 분열된 지배구조 아래에서 '연결된 환경'에 맞는 해답을 구하기 위해 협업과 대화가 더욱 중요해졌고 그래서 새로운 지배구조도 만들어지고 있다. 기존 정부 부처의 회의보다 범부처 차원의 위원회가 다수 출현하는 것도 같은 이유로 볼 수 있다. 특히 가장 엄격하게 규율되던 금융 분야에서도 핵심적인 지불—청산—결제 과정에서 나타나는 변화는 가히 혁명적이다. 가령 골드만삭스Goldman Sachs의 경우 2016년 청산 및 결제 프로세스 간소화로 110억~120억 달러를 절감했다. 중장기적으로는 금융 중개 및 거래 정보의 저장과 처리 등의 업무에 분산원장 기술이 더 많이 적용되면 거래, 청산, 결제, 기록 보관 등 중앙집중형 서비스 제공 기관의 역할과 기능이 축소될 가능성도 있다.

그럼에도 지금처럼 고도로 분산되었으나 동시에 중앙화되는 구조로는 효과적인 대응은 물론 이러한 변화를 제대로 이해하는 것조차 어렵다. 이 변화는 탈중앙화와 분산화가 가야 할 방향으로 보이는데, 한편으로는 시간이 흐를수록 이와 상반되는 중앙화의 추세도 관찰되므로 이를 견제하기 위한 인센티브도 동시에 중요해지고 있다.

외견상 디지털화폐의 일종인 암호화폐는 암호화 기술로 신뢰기반을 구축함으로써 제3자 신뢰 주체의 개입 없이도 가치가 이전될 수 있는 혁신적인 수단이다. 중개자 없이 거래가 이루어지려면 한 개의 주소를 여러 곳에 활용하는 디지털 환경의 이중지불 문제[7]를 극복해야 하는데, 이를 해결한 것이 공개키public key와 개인키private key[8]로 구성된 암호화 프로토콜과 다수가 참여하는 작업증명 방식[9]의 인증 과정이다. 블록체인을 활용하면 그동안 금융 거래와 서비스 전달에 결정적인 역할을 해왔던 중간 기구나 업자들의 역할을 대폭 간소화할 수 있지만 이중지불 문제가 발생할 수 있다는 우려가 있다. 그러나 다수의 복제장부 보유와 연결로 보안을 유지한다는 획기적인 발상이 바

---

[7]   예를 들어 100만 원의 잔고가 있는 통장에서 100만 원을 꺼내 쓰고 잔고가 0원으로 갱신 되기 전에 재빨리 100만 원을 또 꺼내 쓰는 것을 말한다. 인터넷상에서 동시에 두 건의 지불요청을 할 경우 중앙관리 시스템에서는 순차적 처리를 통해 먼저 온 요청만 처리되지만 분산 시스템에서는 문제가 발생할 수 있음을 뜻한다.

[8]   공개키는 누구나 알 수 있지만, 그에 대응하는 개인키는 키의 소유자만이 알 수 있다. 공개 키 암호 방식은 예를 들어 열쇠로 잠겨 있고 좁은 투입구가 있는 편지함에 비유할 수 있다. 이런 편지함은 위치(공개키)만 알면 투입구를 통해 누구나 편지를 넣을 수 있지만 열쇠(개 인키)를 가진 사람만이 편지함을 열어 내용을 확인할 수 있다.(출처: 「위키백과」)

[9]   P2P 네트워크에서 수행된 컴퓨터 연산작업을 신뢰하기 위해 참여자 간에 간단히 검증하는 방식을 말한다. 블록체인에서는 새로운 블록을 블록체인에 추가하는 작업의 완료를 증명 하는 것이다.

로 블록체인이며, 이러한 분산구조에서 보안을 가능하게 하는 핵심 기술은 암호화다. 그리고 해시함수hash function의 특성과 나운스nounce, nonce 활용, 머클트리merkle tree의 조합으로 과거에는 불가능하게 생각 되었던 비잔틴 장군 문제[10]를 해결할 수 있게 되었다. 모두가 참여하는 공개장부의 업데이트 과정을 통해 누구도 손대기 어려운 거래가 완성되는 것이다. 이는 기존의 대표적인 보안 개념인 '금고와 보초' 대신 '공개와 참여'라는 혁명적 역발상임에 틀림없다. 즉 블록체인이라는 인프라에 기초한 개방형·참여형 업데이트 과정은 소수의 허가된 참여자들의 검증 과정을 거쳐야 하는 기존 금융 서비스와는 본질적으로 다르다. 기존 체제의 가치 이전과 저장 관련 서비스들이 관련된 프로세스에 연결된 중개인들의 개입에 의존하는 방식이었다면 블록체인이 창출하는 가치는 전혀 다른 차원이라고 볼 수 있다. 누구의 간섭도 받지 않고 개입 여지도 없이 이루어지는 당사자끼리의 금융 거래가 과거보다 확실하고 저렴하게 이루어질 수 있는 가능성을 입증한 것이다. 이 가치는 P2P 체제의 비용 절감과 높은 편의성 정도에 그치지 않는다. 여기에는 민간 스스로 주인 역할을 한다는 혁명적 발상

---

[10] 비잔틴 장군 문제는 1982년 램포트L. Lamport와 쇼스탁R. Shostak, 피스M. Pease가 공저한 논문 「비잔틴 장군 문제The Byzantine Generals Problem」에서 처음 언급되었다. 논문에서 저자들은 적 군의 도시를 공격하려는 비잔틴 제국군의 여러 부대가 지리적으로 떨어진 상태에서 각 부대의 지휘관들이 (중간에 잡힐지도 모르는) 전령을 통해 교신하면서 공격 계획을 함께 세우는 상황을 가정한다. 이 부대의 지휘관 중 일부에는 배신자가 섞여 있을 수 있고, 배신자는 규칙을 충실히 따르는 충직한 지휘관들과 달리 규칙에 얽매이지 않고 마음대로 행동할 수 있다. 이때 배신자의 존재에도 불구하고 충직한 지휘관들이 동일한 공격 계획을 세우기 위해서는 충직한 지휘관들의 수가 얼마나 있어야 하며, 이 지휘관들이 어떤 규칙을 따라 교신해야 하는지에 대한 문제가 비잔틴 장군 문제다. (출처: 「위키백과」)

의 전환이 저변에 깔려 있다. 현실의 돈은 중앙은행에서 발행하고 관리하는 화폐로서 아주 큰 규모의 가치 창출 기반이지만, 발행과 관리의 주체가 드러나지 않는 화폐들이 구동하는 미래 세상에서 가치 창출 기반이 갖추어지려면 당연히 암호화폐가 활용되어야 한다.

결국 문제는 폐기될 운명에 있는 레거시 체제의 제한된 신뢰토대에 매달리면서 대안 없이 거듭해서 신뢰의 배신을 경험할 필요가 있는지 판단해야 한다는 것이다. 즉, 현재의 레거시 법정화폐 시스템은 2008년 글로벌 금융위기에서 극명하게 드러난 바와 같이 그 기반인 법적 신뢰토대를 지켜내기보다는 스스로 신뢰를 저하시키는 일련의 정책적 실수를 거듭해왔다. 국가별로 차이는 있지만 신뢰 구축과 유지를 위해 부여받은 권한을 화폐가치의 하락과 돈 찍어내기로 훼손하기 쉬운 구조적 한계를 지니고 있다. 모든 법정화폐에는 설계상 활발한 통용을 위한 인플레이션 편향성이 내재되어 있다. 따라서 미래를 준비하려는 목적으로 운영되는 연기금 등의 공적 저축 시스템은 대리인 비용의 도전을 넘지 못해 다수의 미래를 불안하게 하는 요인으로 작용하고 있다. 신뢰의 기반을 전적으로 국가적 법적 주체에 맡긴다면 미래를 준비하는 데 불안을 느끼는 것이 당연하다. 그러므로 중장기적 차원에서 대안을 준비하는 일은 반드시 필요하다. 우리의 미래 구매력이 알게 모르게 침해되지 않도록 정책적 간섭에서 벗어난 가치 저장 수단이 필요한 것이다. 다만 잠재적 가치는 확장성·호환성·지속성이 충족되어야 기대할 수 있지만 과연 현재의 프로토콜 기반으로 만들어지는 신뢰기반이 이러한 요건 충족을 어디까지 할 것인지는 전적으로 우리의 참여 여부에 달려 있다. 진행형인 신뢰기반인 것이다.

바로 이 점이 법적으로 지지되는 법정화폐보다 가치 저장 수단으로서 암호화폐 또는 암호화폐 표시 자산에 더욱 믿음이 가는 이유다. 아직은 연관된 법정화폐나 가치 판단 기준이 미흡하여 허공에 떠 있는 느낌이지만 암호화폐의 보다 근본적인 가치에 관한 공감대가 법과 제도적으로 인정되면서 그 가치는 크게 높아질 것이다.

사실 초연결 환경으로 이루어진 세상을 법정화폐로 구동하는 것은 매우 불편하고 타당하지도 않다. 국경의 의미 자체가 없는 가상공간에서 가치 창출 규모가 폭발적으로 증가할 것이 확실시되는 마당에 국가적 신뢰 토대로 구동되는 화폐의 역할을 확장시키는 건 근거도 빈약하고 가능할지도 의문이다. 실질적 글로벌 화폐인 달러는 디지털 달러로의 변환이 이루어진다 해도 미래가 불투명하다. 매개 수단의 디지털화 자체는 큰 의미가 없다. 이미 상당 부분 디지털화되어 있기 때문이다. 가치를 인정하고 공유하는 방식에서 국가적 신뢰토대에 의존한다면 국경을 인식시켜야 하고 이는 기존 체제의 연장선상에서 기존 문제를 극복해야 하는 숙제를 만들게 된다. 그러나 디지털화가 암호화와 공감대 수렴 과정을 포함한다면 이야기는 달라진다. 이는 국가적 관리 체계와 상반되는 요소를 내포하기 때문이다. 특히 국경 간 거래에서는 국가 간의 협의가 필요하기 때문에 회색 지역이 존재하고 이곳은 기축통화조차도 자유로운 영역이 아니다. 이는 촘촘히 연결된 네트워크 위에서 원활하게 돌아다닐 수 있는 화폐의 기능을 암호화폐에서 기대하게 되는 근본적인 배경이다. 그러나 법적으로 인정받는 국가 시스템이 견고하게 자리잡은 현실에서 이러한 발전을 쉽사리 기대하기도, 추구하기도 어렵다. 현재 체제의 한계를 생각하면 대안 차원의 모색은 바람직하지만 기존 체제의 근간을 흔드는 것 이상의 대안적 가치는 여전히 많은 논의와 공감대 수렴 과정을 거쳐야 하기 때문이다. 근본적 차원의 변화를 추구하는 것 자체가 오해의 소지가 있으므로 진화적 대안 모색의 차원에서 구성원들의 공감대 조율이 무엇보다도 중요하다. 물론 궁극적 판단은 국가가 아니라 국가 체제를 떠받치고 있는 일반인들과 사회구성원들의 몫이다.

국경 없이 연결된 가상세계를 바탕으로 한 공동체 기반의 다양한 고객 및 소비자 중심 서비스 공급 체계는 당연히 공동의 데이터 기반 위에서 의미가 있기 때문에 블록체인이 서비스 토대로 작동하는 것은 시간문제다. 따라서 블록체인 기반의 암호화폐는 미래 가치를 만들어 내려는 다양한 프로젝트의 인센티브로서 현실세계의 법정화폐 같은 역할을 할 수밖에 없다. 이러한 맥락에서 '암호화폐'라는 용어의 사용에도 문제가 있으나 현실의 인식 체계에 준하는 표현 정도로 간주하는 것이 타당하다. 화폐 차원에서의 코인을 비롯해 보다 넓은 의미에서의 토큰, 특히 특정 서비스나 제품의 접근 권한으로서의 유틸리티 토큰이나 투자 목적의 토큰 등 다양한 종류의 토큰으로 움직이게 될 미래의 경제활동은 지금의 규모에 비해 매우 큰 폭의 성장을 이루어 낼 것이 분명하다. 물론 현재 시스템에 기반을 둔 경제활동은 여전히 중요한 비중을 차지하겠지만 새로운 가상세계의 비중이 어디까지 높아질 것인지는 철저히 사회구성원들의 선택에 달려 있다.

첫 번째 암호화폐인 비트코인 이후 출현한 다양한 코인들은 대부분 특정 공동체 구성원들 사이에서 활용되고 있다. 당장에 기존 체제를 대체할 정도는 아니지만 시장 관심도로 봤을 때 초연결 환경에 적합한 참여와 개방 전략에 부합하는 신뢰 기반은 이미 확보한 셈이다. 따라서 시간이 지나 문제점이 보완되고 새로운 용처가 개발되면 암호화폐 생태계가 일상생활 깊숙이 침투하리라는 것은 불 보듯 뻔한 일이다.

암호화폐의 전망을
가르는 것은 무엇인가

암호화폐 가격이 최근까지도 급격한 등락을 거듭하고 있는 것은 과도한 기대에다 조직적 저항까지 가세한 배경에서 연유를 찾을 수 있다. 분명한 점은 비트코인을 비롯한 암호화폐의 가격 급등이 화폐로서의 기능에만 국한되어 그 가치가 평가된 것으로 보기는 어렵다는 점이다. 시중에서 제시되는 매우 높은 전망치는 비트코인의 무궁무진한 활용처에 관한 플랫폼 차원의 시장 기대가 반영된 것이다. 동시에 언제든 가치 제로가 될 수 있는 하향 위험도 공존한다. 기득권들의 판단에 따라 미래가 좌우될 정도로 시장에서 비트코인의 위치는 아직 제한적이다. 가치 저장 수단이나 지불 수단으로서 대표적인 금이나 달러에 비하면 암호화폐의 가치는 30분의 1~40분의 1 정도 수준에 머물러 있다.

특히 비트코인의 경우 기존의 지배구조의 합법적 틀 안에 수용되기에는 시간이 필요하다. 보다 큰 틀에서 볼 때 비트코인의 수용 속도는 사회구성원들의 판단에 달려 있다. 한쪽에서는 기존의 모든 금융

경제활동을 엄격한 규제의 틀 안에서 규율하고 보호하는 반면, 다른 쪽에는 암호화폐와 같이 전혀 규제받지 않는 영역이 존재하는 것 자체가 납세자 기반의 근대사회가 질적으로 변화하고 있음을 보여준다. 정부의 운영 기반은 세금으로 구체화된다. 그런데 세금을 부과할 대상을 파악하기 힘든 활동이 늘어난다면 정부로서는 심각한 문제에 봉착하게 된다. 더욱이 특정 구성원들이 기술에 의존하여 세금을 내지 않으면서 보다 좋은 서비스를 향유한다면 국가적 운영 자체가 어려워진다. 신원 확인에서 과세 대상으로 인정되는 일련의 절차가 익명성과 프라이버시가 우선시되는 체제 내에서 어떻게 접목되어야 하는지는 앞으로 해결해야 할 과제다. 극단적으로는 정부의 존립 기반을 흔들 가능성까지 배제하기 어려워지면서 전례 없는 근본적 변화가 예상

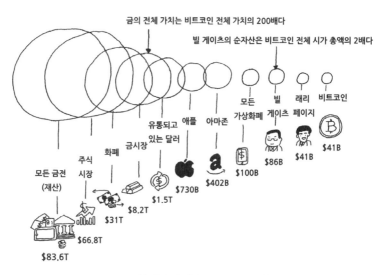

글로벌 '쩐'의 판도(자료:howmuch.net)

된다. 세금으로 운영되는 국가 체제가 우선인지 아니면 국가적 한계를 넘어선 자유와 선택의 기회가 우선인지, 그렇다면 이를 어디까지 인정할 수 있을지에 대해 포괄적인 합의와 책임이 규명되어야 한다. 이질적 체제의 선택에 관계없이 누구나 사회구성원으로서 일정 부분의 참여 정도에 따른 비용을 감수해야 한다. 공동체에 대한 기여도가 국가적 기여도보다 높을 경우 이를 반영하여 합당한 세금이나 비용을 부담시킬 수 있는 인프라도 구축되어야 한다. 역사 속 모든 혁신이 그러했듯이 초기의 기대는 시간을 두고 시장 참여자들의 엄밀한 검증 과정을 거쳐야 할 것이다. 따라서 사회구성원 대다수가 인정하는 합법적인 지불결제 수단으로 암호화폐가 인정받거나 이와 관련해 공감대 형성을 위한 토대가 마련되려면 아직 상당 기간이 필요하다.

실제 암호화폐가 제대로 확장성을 높이려면 개발자와 공동체 참여자 외에도 기존 금융 체제의 협조와 수고가 절대적으로 필요하다. 물론 기술적으로는 암호화폐가 기존의 거래소 없이도 활용될 수 있다. 그러나 거래소는 법정화폐를 암호화폐로 교환하고 재교환하는 인터페이스 역할을 담당하게 된다. 개인키를 보관하는 역할도 수행한다. 그러나 거래소마다 취급하는 대상이나 가격이 천차만별이고 거래소 간의 가격 차이가 거래 수수료를 감안하더라도 여전히 크다는 사실은 포괄적인 규제의 틀과 적용이 여전히 필요함을 일깨워준다. '각자의 책임하에 투자하라Caveat Emptor'는 자세는 방관이라기보다는 어느 누구도 위험에 관해 확실하게 말할 수 없다는 뜻이다. 물론 기존 은행 시스템의 자금세탁방지의무규정Anti-Money Laundering, AML이나 본인확인규정Know -Your-Customer, KYC 준수 비용이 대안적인 암호화폐 활용 시스템에 적용된다면 두 시스템 간의 차이는 상당히 사라질 수 있다. 반대로 다양한 참여자들의 분화된 역할과 관련된 비용이 암호화폐의 사용으로 절감될 수 있다면 분명 경제적 혜택의 증가로 이어질 수 있다. 비용의 차이가 체제적 효율성의 차이인지, 아니면 법이나 규제 차원의 차별화인지 따져보아야 한다. 아직은 양극단적 대안 차원에서의 기회로 인식되고 있기 때문에 차별화된 적용이 정당화될만한 대안적 이점은 충분히 검증되지 않은 상태다. 일반적으로 강조되는 이점이 기존 규제를 생략하는 차원에서 이루어진다면 크게 매력적으로 다가오기 어렵다. 공히 거쳐야 할 절차를 생략해서 얻어지는 경제적 혜택은 특히 공감대 차원의 합의가 생략된 상황에서 진정한 이점으로 간주되기 어려울 수 있기 때문이다. 오히려 기존 법규 체계에서 경계하는 부분에 대해 시장의 우려를 불식시키면서 기존 체제와 차별화될 수 있는 이점들이 인정되어야 채택 가능성이 높아지게 된다. 즉, 블록체인 기반 서비스는 제반 법규를 준수하는지 여부에 초점을 맞추면 비용 측면이 부각되는 것이고, 기술적 가능성 여부에 초점을 맞추면 비용 측면이 간과되는 측면이 존재하기 때문이다. 블록체인 기반의 보안성 면에서 위험이 부각된다면 이 또한 우리가 원하는 바는 아닐 것이다. 무엇보다도 최근의 버블 논란은 암호화 자산의 미래 생태계를 형성하는 데 악영향을 끼칠 것 같아 우려된다. 분명 매우 큰 잠재력과 특장점을 지니고 있는 혁신이지만 버블 논쟁으로 정부 개입이나 규제가 서둘러 강화된다면 자라나는 새싹이 크기 전에 잘라버리는 어리석음을 범할 수 있기 때문이다.

사회적 평가가 암호화폐의 전망을 가른다

예상된 일이지만 암호화폐에 대한 전망은 극단적으로 갈렸다. 버블 과정을 거쳐 소멸될 것이라는 입장과 정착 과정을 거치면서 본격적인 화폐 기능을 수행할 것이라는 입장이 대별된다. 이러한 판단의 차이는 결국 기술 자체의 가능성에 관한 것이라기보다는 관련 규제나 법의 틀이 어떤 방향으로 진화할 것인지에 달려 있다. 물론 법이나 규제 체제의 미래도 전적으로 공감대가 얼마나 폭넓게 형성되느냐에 달려 있다. 결과적으로 사회구성원의 평가가 암호화 화폐 내지는 자산의 미래를 결정짓는 가장 핵심적인 잣대임에는 틀림없다. 모든 것이 그러하듯 치우침이 지나치면 아무리 훌륭한 혁신이라도 조기에 시장에서 퇴출될 수 있다. 그래서 속도 조절이 필요하고 균형 잡힌 공감대 확대 노력이 절실한 것이다.

국가 고유의 권력 기반을 신뢰의 축으로 활용하는 현재의 금융 시스템은 거듭된 위기와 안정화 비용, 그리고 기술적 한계로 인해 포용성 면에서 상당한 문제를 내포하고 있다. 따라서 일반 대중을 연결하고 기술을 활용하여 자생적인 신뢰를 구축하면서 가치 이동을 가능케 하는 블록체인의 출현은 가히 혁명적인 사고의 전환을 촉진할 것으로 예상된다. 기술이 사고방식에 영향을 미치는 가장 확실한 사례다. 이제 이러한 대안적 모색에 대해 기득권들은 우월한 법적 지위와 규제의 틀을 토대로 강력한 개입에 나서고 있다. 당연히 그들 입장에서 보면 암호화폐는 허술하기 짝이 없는 허점투성이 대안으로, 그들은 향후 전망도 불투명하고 고객 보호나 금융 안정의 원칙에도 부합하지 않는다는 측면을 부각하고 있다. 안타깝게도 시장 주변 환경을 지켜나가기 위한 사전 조치, 즉 가상계좌 문제 해결, 본인확인규정 및 자금세탁방지의무규정 준수, 거래소 허가 및 거래내역 보고 의무 부과 등은 무시되었고 그 결과 일반 대중의 포용적 경제활동 기반이 되어야 할 블록체인과 비트코인은 규제 차익을 노리는 투기 또는 범죄 수단으로 치부되고 있다. 이러한 상황에서 기술과 규제의 간극, 보다 엄밀히 말해 레거시 체제의 준비 부족으로 초래된 버블에 대해 과거의 천편일률적 처방이 되풀이되고 있다. 당장 법적 근거나 규제의 틀이 미비한 점도 있지만 문제가 본격화되기 전에 개입을 꺼리는 관료 체제의 특성상 불가피한 측면이 있다는 것을 부정하기 어렵다. 문제의 소지가 있다는 걸 뻔히 알면서도 사전 개입이 지연되었던 이유는 고질적인 분열적 지배구조, 보신주의의 성과보상 체계, 그리고 극도로 분화된 법과 규제 체계 때문이다. 그 결과 불거진 거래소 주변의 버블 논쟁과 이를 잠재우기 위한 정책적 노력은 엄연한 레거시 이슈다. 그만큼 분산화와 탈중앙화의 가능성을 내포한 현재의 변화에 대한 기존 체제의 인식과 대응은 현실 부정의 차원에서 벗어나지 못했다고 볼 수 있다.

분명한 사실은 연결된 환경에서는 국가권력의 중앙계급화가 더이상 타당하지 않다는 것이다. 온전히 경제적 관점에서 보면 기존 시스템을 근간으로 환경이나 상태에 적응하는 시스템을 구비하는 것이 지배구조의 변화를 수반하는 근본적 차원의 변화보다 합리적인 선택일 수 있다. 그러나 변화의 정도가 지금과 같이 전례 없는 차원의 본질적인 것이라면 우리의 사고방식부터 점차 바꿔나가는 자세가 필요하다. 그렇기에 그동안 금과옥조로 여겼던 국가적 운영 시스템에 대해서도 다시 생각할 때가 된 것이다. 사회구성원 전체의 행복을 추구하는 데 국가가 중심이 된 드라이브나 시장 개입이 가치창출 면에서 민간이 주도하도록 허용하는 개방 생태계보다 우월하지 않다는 점 역시 여러 경로를 통해 이미 파악되었다. 국가의 역할은 과거와 큰 폭으로 달라져야 한다. 과거 시스템의 문제를 시정하는 노력도 중요하지만 새로운 생태계 조성에 미칠 기대치 않은 영향력을 간과해서도 안 된다. 민간이 주역이어야 하기에 정부의 시장 조성자 역할은 중요하지만 동시에 조심스러워야 한다. 결국 모바일 폰으로 모두가 연결된 유비쿼터스 연관하에서 이루어지는 가치창출 엔진을 최대한 활용하려면 우월한 지위가 아닌 실무적 관점에서 다른 경제 주체와 협업하는 자세가 절대적으로 필요하다. 이끌어낼 수 있는 다양한 시도를 스스로 저버리는 상황은 경계해야 한다. 탈중앙화의 주체가 다시 국가 권력이나 기존 거대 집단의 손으로 무력화된다면 균형 복원을 위한 민초들의 작은 노력은 수포로 돌아갈 것이고, 결국 우리 사회는 통제 사회로 전락할 것이다.

이러한 주장은 SF소설의 한 장면이 아니다. 현재의 변화는 결국 우리 개개인들의 모든 활동을 데이터로 파악하고 접근하는 데서 출발하므로 이를 구현하는 기반은 우리 자신이다. 우리 자신이 데이터라는 형식으로 변화를 이루어내는 연료를 제공하는 것이다. 그런데 이 데이터의 분석이나 활용을 주도하는 주체가 개개인이 아닌 중앙화된 권력이라면 그 자체로서 종속화 위험을 내포한다고 볼 수 있다. 나보다 우월한 존재가 데이터를 통해 나를 모니터링하고 구속한다면 아무리 편리하고 좋은 서비스가 제공되더라도, 스스로 판단하는 나라는 주체를 인공지능이 대체할 가능성이 현저히 높아진다. 특히 그 존재가 지적 능력이나 데이터 분석 인프라를 갖춘다면 경쟁은 제한되며 독점화를 통해 절대 권력으로 커나갈 위험이 커진다. 모처럼 일반 대중들이 주인 노릇을 할 수 있는 인프라와 환경이 조성되었지만 편리함과 새로움에 매료된 이들은 자신의 주권을 다른 권력 주체에게 내어주고 있다. 그렇기 때문에 디지털 변환의 추세는 무조건 일방향으로 촉진하기보다는 공동체 구성원들로서의 의무와 책임의식을 반영하면서 진화하는 것이 바람직하다.

왜 글로벌 은행들도
암호화폐를 준비하는가

세계 각국의 중앙은행들이 스스로 디지털 변환를 주도하려는 의사를 분명히 하고 있다. 영국 중앙은행은 화폐의 발행과 유지 비용 절감을 통해 GDP의 3퍼센트까지 절약 가능하다는 분석을 내놓았다. 전 세계 대부분의 중앙은행들이 블록체인 기반 암호화폐 연구에 열중하는 이유다. 그런데 암호화폐는 원칙적으로 사회 지배구조상의 변화를 의미하기 때문에 쉽게 판단을 내리기 어렵다. 연방준비제도Federal Reserve System, FED에서 발행을 검토 중인 페드코인Fedcoin은 앞서 설명했듯이 기본적인 철학 자체가 다르기 때문에 크게 중요시되지 않았다. 그러나 기득권의 힘은 상상을 초월한다. 이미 촘촘히 짜인 금융 생태계의 상당 부분을 차지하고 있는 기득권들이 쉽사리 금융 주권을 포기할 이유가 없다. 달러가 사라지고 페드코인이 출시되면 시스템도 바뀌게 된다. 중앙은행이 시스템 관리자로 자리 잡는다면 당연히 처리 속도도 빨라지고 채택도 급속하게 이루어질 수 있다. 은행 중심의 금융 시스템은 사라지고 개인의 프라이버시 또한 실종될 것이다. 은행이 굳이 국책은행과 상업은행으로 구분될 필요도 없으며 지금까지의 거래 은행에 저축 계좌를 유지할 이유도 없다. 통화정책의 수단으로서 굳이 상업은행을 통해 정책 수단을 조율하거나 파급 과정을 활용할 이유가 없다. 직접 중앙은행 발행화폐를 각자의 지갑에 넣어주면 된다. 세금도 마찬가지다. 결국 중앙은행에 과도할 정도의 관리 능력이 부과되기에 민간 부문에서는 중앙은행의 디지털화폐 발행과 유지 관리에 반대하는 것이다.

연방준비제도만이 아니다. 실제로 문제의 원인을 제공했던 주체들이 스스로 암호화폐를 준비하는 모습을 여기저기서 관찰할 수 있다. 최근에는 JP모건JP Morgan이 국제송금 분야에 본격적으로 진입할 준비를 끝냈으며 무역금융 분야에서도 글로벌 대형 은행들이 참가하는 마르코 폴로 컨소시엄을 중심으로 다양한 대안들이 준비되고 있다. 글로벌 금융위기의 원인 제공자들이었던 글로벌 은행들이 암호화폐를 준비한다는 뉴스는 이제 새롭지도 않다.[11] 미래의 변화를 주도할 주체인 은행들이 보다 강력한 무기를 보유하고자 하는 것이다. 고객들에게 편리하고 저렴한 서비스를 제공한다는 측면에서는 환영할 일이다. 그런데 원칙적으로 핵심 기술은 기존 참여자들을 포함한 다수의 참여에 개방되어야 한다. 기울어진 운동장을 보완하려는 노력 없이 새로운 상품과 서비스 개발에만 주력하는 것은 바람직하지 않다.

---

[11] UBS, 바클레이Barclays, CIBC, 크레디트스위스Credit Suisse, HSBC, MUFG, 스테이트스트리트 State Street 등 글로벌 은행이 블록체인 기술을 통해 지불과 거래를 신속하게 처리할 수 있게 해주는 디지털 현금 시스템Utility Settlement Coin, USC의 개발에 동참하고 있다.

더욱이 은행들은 플랫폼의 확보만이 아니라 기존의 네트워크를 더욱 단단히 얽어맬 수 있는 인프라까지 갖추려고 한다.

지금까지 금융 생태계의 강자로 군림하던 글로벌 주자들이 블록체인 기반 암호화폐가 자신들의 영역에 직접적인 도전으로 다가올 것을 모를 리가 없다. 일견 현재의 주도적 플레이어들은 암호화폐 기반 기술의 기술적 특성에만 주목하는 것으로 보인다. 그러나 실상은 이 기반 기술이 화폐의 발행에서 지불, 청산, 결제에 이르는 핵심적인 금융 거래 전반에 영향을 줄 수 있기에 대응할 수밖에 없는 것이다. 기존의 신뢰 주체들이 이러한 수단을 활용한다면 이미 거듭해서 드러나고 있는 한계를 스스로 극복할 수 있는 가능성도 엿볼 수 있을 것이다. 그만큼 암호화폐와 블록체인은 인식 주체와 이해 정도에 따라 매우 큰 파괴력으로 변화를 이끌어낼 잠재력이 있다.

다만 문제는 이러한 변화를 누가 주도하는지에 달려 있다. 비트코인 블록체인 자체가 특정한 신뢰 주체의 역할을 가정하지 않고 스스로 돌아가는 시스템을 근간으로 개발되었기에 중앙은행이라는 궁극적 신뢰 주체가 이러한 기술이 장착된 디지털화폐를 발행하고 관리한다면 금융의 판도가 근본적으로 바뀔 수 있다. 물론 이러한 변화가 모두에게 이로운 방향으로 전개된다면 문제없겠지만 이 경우에는 발행주체와 기반 기술의 철학 사이에 존재하는 분명한 모순을 간과할 수 없다. 수직적 관리 체계에서 관리되는 화폐 시스템의 주체가 이러한 지배구조에 정면으로 반대되는 시스템의 특성을 받아들인다면 과연 어떤 모습이 될 것인가?

중앙은행을 비롯하여 글로벌 은행들이 암호화폐를 준비하는 것은 시장 내에서 그들의 위치를 지키기 위해서다. 특히 거래 비용을 절감하는 측면에서 암호화폐의 용처는 다양하다. 그러나 은행들의 이러한 노력은 탈중앙화라는 기본적인 원칙과는 맞지 않는다. 오히려 압도적 신뢰토대 위의 중앙은행이 은행 시스템의 근간에 영향을 줄 수 있는 이러한 노력을 하는 것은 상업은행의 위축과 개인 프라이버시의 침해와 같은 우려를 부를 수 있다. 더욱이 통화정책의 수단으로 활용하기 어려운 측면이 존재하기에 이들 기존 기구들이 암호화폐를 개발하려는 노력은 다른 방향으로 발전할 가능성이 있다.

은행은 물론 중앙은행들까지도 암호화폐를 준비하는 것은 추세에 뒤지지 않으려는 몸부림일 것이다. 그런데 중개 기능의 주체로서, 법적 신뢰의 주체로서 연결과 참여를 통해 다른 방식으로 신뢰기반을 구축하려는 민간들로서는 이들의 움직임에 회의적인 입장일 수밖에 없다. 그동안 100년이 넘는 역사를 두고 은행들이 거듭 초래한 문제를 해결하려는 움직임과 상관없이 자신을 보호하려는 차원에서 이루어지는 은행들의 디지털화는 보다 넓은 생태계 구성원들과 함께하는 개방과 협업이라는 기본 틀에서 벗어난 것으로 보인다. 물론 기존 주체들도 자신의 역할이 사라지는 것을 가만히 보고만 있을 수는 없다. 그러나 미래의 생태계는 특정 주체가 주도하는 것이 아닌 협업 구조로 전환될 것이다. 거대한 개방 플랫폼에서 각자가 경쟁력 있는 분야의 기능을 수행하는 구조다. 오케스트라의 지휘자 역할과 동시에 연주자의 역할을 병행해서 수용하는 팀원의 역할도 요구된다. 따라서 과거의 레거시 체제 주역들의 디지털화에 대한 반응은 제한적인 조건부 진화 과정으로 간주된다. 반면 정작 주역의 역할을 기대했던 민간의 움직임은 극히 제한적이다. 무엇보다 탈중앙화의 표상인 공적 블록체인의 발전 속도는 너무 느리다. 그만큼 새로운 세상에 대한 열정과 참여의식, 재원 등의 여러 요소들은 아직 성숙하지 못했다. 오히려 모든 변화와 혁신의 주역은 기존 레거시 체제의 주역들이 맡고 있다. 그러니 미래의 발전 방향에 낙관할 수가 없는 것이다.

심각할 정도로 변동성이 크고, 거래보다는 보유 목적에 적합한 현재 암호화폐의 상황을 감안할 때 암호화폐의 미래는 화폐로서의 대체적 성격보다는 미래 투자와 연관된 인센티브에 사회구성원들이 얼마나 높은 신뢰를 부여하는지에 따라 달라질 것으로 보인다. 이미 전 세계적으로 플랫폼 기업들은 자신들의 생태계 내에서 활용할 수 있는 암호화폐 개발에 큰 관심을 갖고 있다. 아마존이나 페이스북, 구글에서도 암호화폐 발행과 활용에 뛰어들고 있다. 자신들의 엄청난 시장 지배력을 놓치고 싶지 않기 때문일 것이다. 국내 최대 인터넷 기업으로 강력한 플랫폼을 가지고 있는 네이버와 카카오 역시 최근 블록체인 관련 자회사를 설립하여 암호화폐 발행 가능성을 키우고 있다. 이들이 자체 코인을 개발한다면 플랫폼 내 콘텐츠 거래와 결제 서비스 생태계에서 폭발력을 가질 것이다. 카카오의 경우에는 현재 '카카오 블록체인(가칭)'의 설립 마무리 단계에 있으며, 카카오 코인을 발행해 초기코인공개, 즉 ICO를 실행할 것이라는 전망이다. '카카오 택시'나 '카카오 선물하기' 등 거래 플랫폼에서 코인 사용을 활성화함으로써 자금 확보 측면이나 글로벌 사업 확장에서도 유리한 위치를 점할 수 있을 거라는 관측이 나온다. 네이버 역시 암호화폐를 제도권으로 끌어들인 일본에서 암호화폐 거래소를 만들고 금융 서비스를 시행하기

네이버와 카카오의 블록체인 관련 행보(자료: 「한국일보」, 2018월 3월 7일)

네이버	카카오
2018년 1월 라인파이낸셜 설립	카카오블록체인(가칭) 설립 계획
일본 암호화폐 거래소 설립 추진	카카오페이에 블록체인 기반 공인인증서비스 적용
프랑스 암호화폐업체 렛저에 400만 유로 투자	암호화폐 거래소 운영사 두나무 지분 20퍼센트 보유

위해 자회사 라인파이낸셜을 설립했다. 조만간 라인 암호화폐의 발행도 고려하고 있다.

이처럼 전통적 기반의 은행과 새로운 플랫폼 기반 회사들의 움직임이 눈에 띄는 반면 정작 일반 대중들의 움직임은 이제 시작 단계에 머물러 있다. 그만큼 주어진 신뢰기반의 현실이 극명하게 대비된다는 뜻이다. 현 생태계의 주자들도 사회구성원들의 신뢰토대 위에서 커왔듯이 새로운 진출이 기대되는 민간 기업들도 부단한 신뢰 구축 과정을 거친다면 미래의 주역으로 자리잡을 수 있을 것이다. 다만 현재로서는 민초들이 만든 블록체인 관련 기술이 개발되고 용처가 발굴되는 일이 여전히 기득권이나 플랫폼 기업 위주로 이루어지고 있다. 어쩔수 없는 현실이다.

당초 기존 금융 체제에 대한 반발 내지는 회의가 새로운 시스템 탄생의 배경이었다면, 아이러니한 점은 변화를 초래한 기존의 주체들이 새로운 기술 활용에 적극적인 관심을 보인다는 사실이다. 디지털 화폐, 특히 암호화폐의 출현을 가장 관심 있게 바라본 주체는 중앙은행들이다. 그러나 암호화폐가 탄생하게 된 이유가 바로 중앙은행이라는 점을 감안하면 실로 아이러니하다. 실제로 각국의 중앙은행들은 수년 전부터 암호화폐 관련 기술을 기존 화폐의 발행에 접목시키려는 다양한 시도를 해왔다. 그 가운데는 기존의 상업은행 시스템을 기반으로 한 신용 창조 기능을 완전히 뒤바꿀 수 있는 혁신적인 제안까지 등장한 바 있다. 영국 중앙은행과 캐나다 중앙은행은 블록체인 기반 법정 암호화폐의 출시 준비를 이미 끝낸 상태다. 이미 법적 신뢰의 주체인 중앙은행이 암호화폐를 발행하려는 의도는 신뢰 기반의 독점적 위치를 놓지 않겠다는 의미로 보인다. 그러나 과연 중앙화된 기구와 중앙화된 화폐로 현재의 초연결 환경에서 이루어지는 경제활동을 충분히 뒷받침할 수 있을까? 의문은 여전하다. 각국별로 중앙은행이 암호화폐를 발행하는 것의 효과가 과연 무엇인지 파악하기에 앞서 종이가 전자 형태로 전환되는 것 이상의 네트워크 효과를 개인 프라이버시의 희생 없이 기대할 수 있는지 따져보아야 한다. 상업은행들의 신용 창출 메커니즘이나 역할의 근본적인 변화도 불가피할 것으로 보인다. 탈중앙화가 극단적인 형태의 중앙화로 이어지는 어리석은 결과도 경계해야 할 부분이다.

일반 대중들은 중앙은행의 암호화폐 발행을 두고 이들이 은행권이나 중앙은행 디지털화폐에 쉽게 접근할 수 있도록 충분한 화폐를 보장하여 건전한 금융 체계를 마련할 수 있을 것이라는 기대가 있다. 또 이를 통해 중앙은행의 화폐 주조세 수익을 보존할 수도 있을 것이다. 금리 하한선을 낮추고 관습적인 통화정책에서 벗어날 수도 있으며, 암호화폐를 통해 중앙은행으로부터 개인과 기업에게 돈을 즉시 보낼 수 있으므로 양적 완화를 도울 수도 있다. 현재 일부 거래 유형을 가로막는 장애 요인들도 완화할 수 있다. 온라인 거래를 활성화하고 소액 결제에 드는 비용을 줄일 수 있으며, 더 다양한 금융기관이나 비금융기관들이 중앙은행 대차대조표에 쉽게 접근할 수 있도록 하여 이들이 결제산업에 들어갈 수 있는 장벽을 낮출 수도 있다. 실제로 유럽, 일본 등 세계 주요국이 경기 부양을 위해 마이너스 금리를 도입하여 현금 보유 경향이 강해지면서 통화정책의 효과가 점차 줄어들고 있기도 하다. 또한 디지털화폐는 최종 정산 비용도 줄일 수 있는데, 개발도상국의 경우 관련된 지급결제 비용과 해외송금 비용의 절감 효과로 인해 금융 포용의 효과가 크게 나타날 수 있다는 점은 더욱 고무적이다.

중앙은행들의 협의체인 국제결제은행은 민간 차원의 암호화폐가 확산되면 각국 정부의 통화량 통제가 어려워질 것이라며, 이를 막기 위해서라도 통화 당국이 암호화폐를 직접 발행하는 방안을 고려해볼 수 있을 것이라고 했다. 영국 중앙은행도 암호화폐는 현존하는 통화정책 도구가 한계에 달했을 때 각국 정부에 새로운 가능성을 제시할 수도 있다고 했다. 또 영국 중앙은행은 중앙은행이 보증하는 디지털화폐를 통해 실질이자율, 왜곡 세율distortionary rate, 통화거래 비용의 감소로 GDP가 3퍼센트 증가할 수 있으며, 통화의 수량이나 가격의 통제를 통해 경기 순환의 안정화에 기여할 수 있다고도 보았다. 기본 골격인 지배구조상의 변화없이 효율성과 기능 측면의 개선에 초점을 둔 접근인 것이다.

한편 대규모 대표 결제망인 스위프트의 대안으로 리플Ripple 등이 빠르게 성장하고 있어서 중앙은행 중심의 지급결제기능 수행의 지배구조에도 상당한 변화가 예상된다. 중앙은행은 상업은행화되고 핀

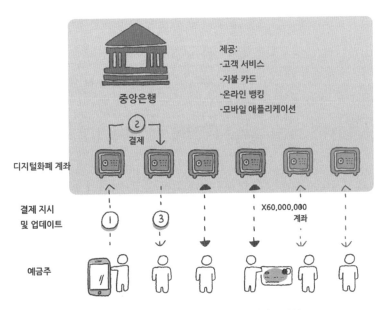

중앙은행의 디지털화폐 발행 방안1 - 직접 접근 방식

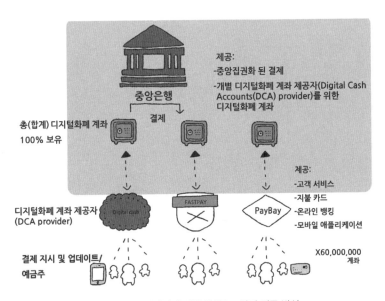

중앙은행의 디지털화폐 발행 방안2 - 간접 접근 방식

테크업체도 상업은행이 될 것이며, 중앙은행이 핀테크업체와 협력하게 될 수도 있다. 그렇게 된다면 상업은행은 설 자리가 없어질 수 있다. 또한 중앙은행의 암호화폐는 금융의 안정성을 해칠 수도 있다. 시장이 불안정해지면 개인들은 시중 은행의 돈으로 안전한 중앙은행의 암호화폐를 살 것이다. 그동안 법정화폐의 유일한 관리 주체로 독보적인 역할을 수행하면서 독립성을 지켜온 덕에 지금의 번영과 안정을 구가할 수 있었던 측면도 있지만 환경 변화에 부합하는 역할과 책임의 재정립이 필요해진 상황이다.

그런데 기본적인 발전 배경과 운영 방식이 본질적으로 다른 암호화폐의 주체로서의 중앙은행 역할은 신중하게 모색할 필요가 있다. 시장과 인센티브 구조를 밀착해서 이해하고 연결하기 위해서라도 시장에서 자체적으로 연관을 만들어가는 민간 주체들의 역할이 보다 강조되어야 하기 때문이다. 법정화폐의 영역과 암호화폐의 영역이 구분되는 만큼, 그리고 병행 발전하는 것이 바람직한 만큼 생태계 조성과 유지의 책임을 져야 하는 고유의 역할이 기대된다. 보다 커져버린 생태계의 건강한 발전을 위해 금융 감독과 더불어 중앙은행의 역할은 더욱 중요해질 것이다. 다만 지금의 방식이 아니라 무대 뒤에서 금융의 안정과 작동을 이끌어가는 지휘자 내지는 연출자로서의 역할이 중시될 것으로 보인다. 암호화폐 자체가 지속적으로 보완되어야 할 수단이라면 이를 중앙은행이 관리하는 것은 가능하지도 않고 바람직하지도 않아 보인다. 너무 많은 재원을 특정 주체가 관리하는 것 자체가 연결 환경에서의 중앙 주체라는 점에서 적절치 않으며, 기술 요인에 의거하여 탈중앙화하려는 신뢰기반을 중앙화된 기구가 주도하는 것 자체가 모순적이기 때문이다. 다양한 신뢰 구축의 방법과 시도가 다양한 주체들에 의해서 실험되고 제시되는 과정을 통해야 다수의 신뢰 토대가 보다 공고해질 수 있다. 다양한 시도는 시장의 여러 측면을 해결하고 보완하는 데 중요한 역할을 수행하는데 이러한 주도적 역할이 중앙은행이라는 울타리 안에서 이루어진다면 자칫 기본 가정에서 어긋난 시도로 보이기 때문이다. 또한 이러한 중앙은행들의 시도는 원래 암호화폐 출시의 배경으로 작용한 중앙은행 중심 체제를 견제하려는 민간들의 시도를 무력화시킬 우려가 높다. 개인의 모든 경제활동 내역을 샅샅이 들여다볼 수 있다는 점도 우려의 대상이다. 무엇보다도 기존의 은행 시스템을 무력화하고 통화정책의 기본 골격인 신용 창조의 경로마저 독점화할 수 있다는 점에서, 이를 환영할 사회구성원들은 많지 않을 것이다.

화폐란 무엇이어야 하며, 실패한 것은 무엇인가

    화폐란 과연 무엇인가? 화폐를 사람과 사람을 잇는 미디어라고 보고 일종의 언어로 규정한 학자[12]부터 화폐를 일종의 신뢰코드로 정의하는 사람이 있을 정도로 화폐는 다양한 모습을 지니고 있다. 그러나 교과서적으로 학습되는 교환의 수단, 가치 저장의 수단, 가치의 척도와 같은 화폐의 정의는 사실 큰 의미가 없다. 이러한 기준을 충족하는지 여부에 따라 화폐와 화폐가 아닌 것을 가르는 건 매우 단순한 접근 방식이다. 특히 최근에 출현한 혁신적 성격의 암호화폐는 단순히 거래나 가치 저장 수단만으로 규정하기에는 인프라적 성격이 강하며 대단히 큰 규모의 가치창출을 가능하게 하는 촉매제로서의 역할을 기대할 수 있다. 이는 기존 화폐의 정의가 확대되어야 함을 뜻한다. 새로운 화폐는 기존에 익숙했던 화폐의 정의를 근본적으로 바꿀 수 있는 새로운 가치를 내포한다. 과거의 잣대로 무엇이 화폐이어야 하는

---

[12]   김찬호, 『돈의 인문학』, 문학과지성사, 2011.

지 판단을 내린다면 암호화폐가 앞으로 만들어가는 세상의 모습에 비추어 볼 때 화폐에 대한 완전한 정의를 얻을 수 없을 것이다.

화폐가 무엇이어야 하는가에 대해서는 안드레아스 안토노풀로스 Andreas Antonopoulus의 관찰도 의미가 있다. 그에 따르면 미래 세상을 만들어가는 연료 내지 인센티브로 화폐를 규정하는 것이 가능하다. 화폐 자체가 인터넷이다. 즉 얽힌 세상에서의 연결고리가 미래 시대의 화폐인 것이다. 이때 화폐는 연결을 통해 가치를 만들어낼 수 있도록 하는 일종의 피와 같은 역할을 한다. 그리고 이때의 신뢰는 특정 국가나 기구 또는 법적 토대 위에서 구현되기보다는 연결된 네트워크 위에서 공동체적 공감대 형성 과정으로 이루어진다. 하향식top-down이 아니라 상향식bottom-up으로 가치가 결정된다. 물론 최종적인 가치 판단은 화폐가 만들어내는 가치의 범용성에 달려 있다. 소규모 공동체에서만 통용되는 코인의 가치는 그 공동체 내에서만 인정되므로 가치가 제한적인 반면, 보다 큰 시장에서 통용되는 코인은 그 가치가 폭발적으로 커질 것이다. 기존 체제의 기축통화국과 비교할 만하다. 가상세계에서는 국가가 아니라 가상세계에서의 가치창출을 주도하는 주체의 영향력, 즉 암호화폐를 관리하는 주체와 시장의 크기에 따라 가치가 결정된다.

기존 화폐는 무엇이 문제인가

화폐란 상품의 가치를 매기는 척도이자 재화의 교환 수단으로서 정부나 중앙은행에서 발행한 지폐와 주화를 말한다. 여기에는 수표나 어음도 포함할 수 있다. 화폐는 화폐 가치의 안정성, 예측 가능성, 그리고 중앙정부나 기관의 가치통제 가능성을 전제로 하여, 크게 본원적 기능과 파생적 기능으로 구분되는 다섯 가지 기능을 가진다. 본원적 기능은 화폐가 반드시 수행해야 할 기능이고 파생적 기능은 본원적 기능에서 갈라져 나온 기능을 의미한다. 학자에 따라 다를 수 있지만 일반적으로 화폐의 기능은 다음과 같이 구분한다.

화폐의 본원적 기능 { 일반적 교환 수단
일반적 가치 척도

화폐의 파생적 기능 { 가치 저장 수단
일반적 지급 수단
회계 단위

먼저 본원적 기능 중 하나인 교환 수단으로서의 기능은 기존 물물교환의 불편함을 없애고 보다 쉽게 가치를 교환할 수 있도록 하는 기능을 말한다. 화폐가 재화의 교환을 매개하면서 물물교환은 자취를 감추었다. 즉, 화폐가 있으면 신발이 필요한 식당 주인은 배가 고픈 신발 가게 주인을 만나지 않더라도 음식을 판 돈으로 신발을 살 수 있다. 이는 화폐의 기능 가운데 가장 주요한 것으로 여겨진다. 두 번째로 가치의 척도 기능은 화폐가 어떤 물건의 가치를 측정하는 잣대로서 기능하는 것을 의미한다. 예를 들어 만 원이면 커피 석 잔 정도 살 수 있는 돈이라는 생각이 떠오르는 이유가 이것 때문이다. 즉, 만 원이라는 화폐의 가치가 측정될 수 있는 것이다. 반대로 재화의 가치도 화폐에 의해서 측정된다.

세 번째 기능은 가치 저장의 수단이다. 예를 들어 1만 원을 가지고 있다는 것은 그에 상응하는 가치의 물건을 살 수 있는 구매력을 가지고 있으며, 이는 유지된다는 것을 의미한다. 화폐가 가치 저장 수단으로 기능을 하려면 화폐가치가 안정되어야 한다. 만약 물가가 올라서 화폐가치가 떨어진다면 가치 저장 수단으로서의 기능에 손상을 입기 때문이다. 저축이 가능한 것은 화폐의 이러한 가치 저장 기능 때문이다. 화폐가 없으면 가치 저장을 위해서 실물을 저장해야 하는데 불편한 데다 비용도 많이 든다. 가치가 감소하거나 부패할 위험도 있다.

네 번째로 지급 수단의 기능은 가치를 이전시키는 기능을 말한다. 채무를 없애기 위해 외상을 갚거나 세금을 내는 것과 관련이 있다. 마지막 기능은 회계 단위로서의 기능인데, 예를 들면 외상의 경우 장부상 거래일 뿐 현금을 주고받지는 않지만 거래가 이루어진 것으로 간주한다. 이 경우 화폐가 회계 단위의 기능을 수행한 것으로 볼 수 있다. 이 다섯 가지 기능 외에도 화폐에는 자본 이전 수단의 기능과 생산 등에 투자되는 자본의 기능도 있다.

고전적 의미에서 화폐가 필요한 이유는 교환이 쉽게 이루어지기 위함이며 가치를 저장할 수 있는 수단이기 때문이다. 지불 수단으로서의 화폐는 이미 물리적 형태를 벗어난 지 오래다. 탈물질화dematerialization, 탈상호화demutualization[13] 등의 개념이 이를 증명한다. 반면에 가치 저장으로서의 화폐는 보다 기초적인 신뢰 토대를 필요로 한다.

미래 화폐가 갖추어야 할 덕목

우리가 화폐라는 수단에 기대하는 기능은 매우 간단하다. 그러나

---

[13]   주식화라고도 하며, 상호지분 보유 형태에서 주식회사 형태로 전환하는 것을 의미한다.

암호화폐의 경우 기존 화폐의 기능적 측면이 향상된 것이라는 식으로 이해하는 건 곤란하다. 본질적으로 화폐라는 수단을 통해 이루어낼 수 있는 것들이 워낙 다르기 때문이다. 앞서 설명하기는 했지만 교과서에서 되풀이되는 가치의 척도, 교환 수단, 가치 저장 수단과 같은 분류는 이제 더 이상 타당하지도 않고 미래 화폐의 덕목을 판단하는 기준으로는 더욱 부적합하다. 연결된 세상에서의 화폐는 연결이 가져다주는 경제적 가치를 구현하는 데 필요한 인센티브를 제공할 수 있어야 한다. 사람과 사람의 관계, 기계와 기계의 관계, 사물인터넷의 모든 연관은 가치창출의 토대로 전환되고 있다. 이러한 연관이 가치로 전환되는 것을 법정화폐에서 기대하는 것은 무리다. 이 가치는 연관에서 출발하므로 그 연관이 무엇에 기여하든 간에 이를 측정하고 보상할 수 있는 새로운 화폐의 기능이 절실해졌다.

최초의 암호화폐인 비트코인은 이러한 기능을 수행할 수 있는 가능성을 열어놓은 역사적 발명, 혹은 역사적 진화의 산물이다. 또한 암호화폐는 기존 법정화폐가 서툴거나 잘하지 못하는 영역에서 발군의 실력을 발휘할 수 있다. 대표적으로 국경 간 송금을 들 수 있다. 각국별로 관리하는 법정화폐의 영역에서 다른 법정화폐를 받아들이는 과정에는 많은 관리가 필요하다. 국가별로 상이한 체제를 이어주는 연결고리가 필요한데 지금까지 그 역할은 웨스턴유니온Western Union과 같은 송금 전문회사 또는 은행권이 제공하는 스위프트라는 메시징과 협약을 맺은 은행correspondent bank를 통해서 이루어졌다. 그래서 국내 송금에 비해 수수료도 비싸고 느리다. 시장 차원에서 보면 분명히 마찰적인 요소다. 예를 들어 일반적으로 많이 이용하는 전신송금 서비스에서는 송금 신청을 받는 은행의 수수료부터 중개 은행이 떼가는 중개 수수료, 은행 간 통신망 이용비인 전신료, 여기에 돈을 지급하는 현지 은행이 받는 수신 수수료까지 모두 네 단계에 걸쳐 비용이 부과된다. 전 세계적으로 수수료 인하 움직임이 이어져 평균 수수료율이 점차 낮아지고는 있으나, 2017년 세계은행World Bank의 연구에 따르면 2017년 3분기 기준 200달러를 송금할 때 평균 비용은 7.14퍼센트다.

모든 분야에서 신뢰 주체는 소수의 허가받은 제3자로 제한되고 이들의 개입 없이는 금융 분야의 서비스 제공 자체가 어려운 것이 지금의 현실이다. 그래서 등장한 것이 비트코인, 블록체인이다. 분산 시스템 위에서 개개인의 직접 거래가 가능한 현재의 상황은 금융 서비스의 가장 핵심적인 부분을 분산 환경에서 재조명하고 불필요한 부분을 새로운 혁신의 대상으로 부각시켰다는 점에서 대단한 혁신으로 볼 수 있다.

일례로 해외송금의 경우 그 비용이 점진적으로 감소하고 있으나, G8 국가의 목표치인 5퍼센트 수준(2009년에 설정됨)에는 미치지 못하는 상황이다. 세계은행의 자료에 따르면 송금 주체별로 볼 때 은행이 가장 비용이 높으며, 우체국 및 자금송금업자Money Transfer Operator 순서로 나타났다(웨스턴유니온, 머니그램MoneyGram 등). 기존 은행의 경우 해외송금을 처리하기 위해서는 국내 은행의 송금 수수료와 국내 은행과 해외 은행을 연결시켜주는 중개 은행이 받는 중개 수수료, 스위프트 이용 전신료, 현지 은행 수수료가 있다. 그러나 최근 핀테크 발전과 더불어 은행에서만 가능하던 기존의 송금 방식과는 다른 형태의 다양한 송금 형태가 나타나고 있다. 암호화폐를 이용한 해외송금

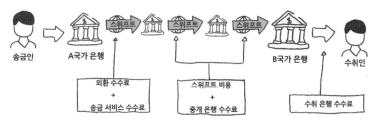

송금인　A국가 은행　스위프트　스위프트　스위프트　B국가 은행　수취인

외환 수수료
+
송금 서비스 수수료

스위프트 비용
+
중개 은행 수수료

수취 은행 수수료

자료: MOIN Inc., 「Changing Foreign Remittance System using Blockchain Technology」 재구성

서비스는 기존의 금융망을 이용할 필요가 없기 때문에 관련 수수료를 낼 필요가 없으며, 암호화폐 거래소마다 차이는 있지만 평균적으로 1~2퍼센트 내외의 수수료가 부과된다. 해외 독자형 소액송금업체 중 비트코인 디지털 지갑을 활용한 송금을 하고 있는 에이브라Abra의 경우 송금 수수료는 없다.

　　마지막으로 화폐의 가치 저장 수단의 측면에서 법정화폐와 암호화폐를 비교해보자. 법정화폐의 기능이 가치 척도, 교환 수단, 가치 저장이라면 앞의 두 가지 기능은 그런대로 성공적인 성과를 거두어왔다. 그런데 가치 저장 면에서 보면 기존 법정화폐는 거래 촉진을 위해 인플레이션 화폐이어야 한다는 점, 그리고 채권 시장의 기본적인 성격상 디플레이션 화폐 기반으로서는 자본시장의 작동을 기대하기 어렵다는 점이 문제다. 디플레이션이 예상되는 상황에서는 누구도 향후 상환 부담이 커질 것이 분명한 신용을 받아들이려 하지 않기 때문이다. 그래서 기존 법정화폐 시스템에서는 인플레이션 편향성이 내재되어 있고 가치 저장 수단으로서의 기능이 제한될 수밖에 없다. 반면 암호화폐, 특히 채굴의 규모가 제한된 비트코인과 같은 경우는 전형적인 디플레이션 화폐다. 이러한 특징은 기존 화폐의 가치가 당국에 의

해외송금 서비스 비교

기존 은행	암호화폐 거래소
송금 수수료: 5,000~2만 5,000원 중개 수수료: 15~20달러 전신료: 3,000~8,000원 현지 은행 수수료: 15~20달러	송금 금액당 1퍼센트 내외

해서 지속적으로 절하되는 부분에 대한 민간 차원의 대응이기 때문에 암호화폐는 정책 당국의 간섭과 자의적 판단 여지가 최소화되도록 설계되었다고 할 수 있다. 문제는 가치 저장 수단으로서의 메리트가 높아진 반면 거래와 가치 척도로서의 한계에 봉착하게 된 것이다. 향후 가치가 높아질 수단을 거래 목적으로 활용하는 데에는 부정적인 유인이 작용하기 때문이다. 이러한 상충관계를 기술적으로 극복하기 위한 다양한 노력(플라스마, 캐스퍼, 라이트닝 네트워크와 같은 오프체인 off-chain 방식 포함)들이 전개되고 있지만 근본적인 한계는 존재한다.

바로 이러한 점이 두 가지 종류의 화폐가 상당 기간 병행되어 활용될 것이라는 예상의 근거다. 이렇게 되면 금융시장의 모든 과정이 법정화폐 위주로 돌아가던 현실에서 중장기적 시야가 보다 투명하게 확보될 수 있는 암호화폐 작동의 시장으로 일부 발전해나갈 수 있는 것이다. 이러한 추가적 기능은 바로 탈중앙화의 노력으로 가능해졌음을 절대로 놓쳐서는 안 된다. 단기 시야 위주의 결정은 기득권들의 몫이다. 특히 임기가 제한적인 관료나 금융회사 임원들의 입장에서 추구되는 단기 지향 우선주의short-termism는 이러한 탈중앙화 노력에 의해 보다 균형 잡힌 입장으로 유도되고 발전할 수 있다.

세상은 본질적으로 바뀌었는데 세상을 움직이는 시스템은 아직도 과거의 패러다임에서 벗어나지 못하고 있다. 구태의연한 정책 처방이 되풀이되는 현실은 미래에 대한 전망을 어둡게 하고 있다. 반면 미래를 준비하려는 움직임은 제대로 준비가 안 되거나 기존 체제의 협조가 부족하여 실험 차원의 시도로 전락 중이다. 미래 준비에 핵심적인 관건들은 아직도 기득권의 관심 밖이고 기득권 밖의 사람들도 기득권을 비판하면서 그들의 행동방식을 답습하고 있다. 변화를 주도하려는 신규 참여자들조차 이해관계의 늪에 얽혀서 기존 체제에 충분한 설득력을 가지지 못하고 있다. 그 결과 시장의 난맥상은 지속되고 혼란은 가중되며 구조적 문제의 해결사로 중구난방의 대안들이 속출하면서 세상은 더욱 어지러워지고 있다. 비트코인과 블록체인이 제시한 미래의 사회적 신뢰기반은 여전히 답보 상태에 머물고 있다. 기존 체제의 문제가 해결 기미를 보이지 않으면서 극단적인 정치적 태도가 설득력을 갖게 되었으며 이성적 토대와 연관 없는 여론으로 제스처만 강화되고 있다. 환경 변화가 애써 전하려는 메시지를 우리가 아직 제대로 이해하지 못하고 있기 때문이다.

사토시의 철학과
의도 파헤치기

비트코인의 창시자 사토시 나카모토는 2008년에 등장해서 2011년에 사라졌다. 그는 「비트코인: 일대일 전자화폐 시스템Bitcoin: A Peer-to-Peer Electronic Cash System」이라는 아홉 장 분량의 짧은 논문을 통해 은행이 필요 없는 새로운 디지털화폐(암호화폐)를 제안했다. 사토시가 누구인지는 수년이 지난 지금까지도 밝혀지지 않았다. 한 사람이 아니라 그룹이라는 말도 돌았다. 사토시, 혹은 사토시를 중심으로 한 일련의 개발자들은 자유방임주의의 철저한 신봉자들이었다. 사이퍼펑크의 일원으로서 디지털화폐의 개발을 통해 기존 체제의 간섭에서 벗어나고자 노력한 결실이 바로 암호화폐의 조상 격인 비트코인의 탄생배경이다.

흥미로운 건 비트코인의 탄생 시점이다. 왜 하필 2008년 글로벌 금융위기 때 등장했을까? 그 이유를 따져보자면 2000년대 초까지 거슬러 올라가야 한다. 당시 미국 정부는 금리 인하를 통해 강력한 경기부양 정책을 시행했다. 금리를 낮추면 대출이 활성화되고 이를 바탕으로 소비도 늘어난다. 기업 매출과 고용, 투자도 증가하고 다시 그 돈이 소비에 이용된다. 이것이 미국 정부가 계획했던 금리 인하를 통한 경제 선순환이다. 정부 정책에 따라 당시 사람들은 낮은 금리로 대출을 받아서 집을 샀다. 집값은 계속 올랐고 은행들은 부실 대출을 남발했다. 은행들은 집값이 계속 오르니 비우량 주택담보대출(서브프라임 모기지론)을 해도 손해 보지 않는다는 생각을 갖고 있었다. 그런데 경기가 좋아지자 미국 정부는 금리를 다시 인상했고 많은 사람들이 주택담보대출의 이자 부담 때문에 파산하게 되었다. 집값도 하락하면서 결국 은행도 막대한 손실을 입었다. 이때 미국 5대 투자은행 가운데 하나였던 베어스턴스Bear Stearns가 JP모건으로 피인수되었고, 2008년 리먼브라더스Lehman Brothers도 파산했다.

사토시 나카모토는 이러한 과정 속에서 미국 연방준비은행의 대규모 양적 완화를 겪으며 탈중앙화된 화폐의 필요성을 절감하고 이를 고안해냈다. 그는 양적 완화, 즉 달러를 마구 찍어내는 것은 달러의 유일한 공급 기관인 미국 연방준비은행이 모든 권한을 갖고 있기 때문이라고 보았다. 사토시는 양적 완화가 달러(통화)의 가치를 하락시키며 이는 통화의 가치가 하락하지 않을 거라는 사람들의 믿음을

부동산 붐(호황)

서브 프라임 모기지론

저버리는 것이라고 생각했다. 게다가 달러는 기축통화이기 때문에 그 가치가 떨어지면 미국을 제외한 다른 나라의 통화가치가 상대적으로 오르면서 수출 경쟁력에 부정적으로 작용할 수 있다. 이런 이유로 사토시는 국가가 통화를 찍어내는 것에 불만을 가진 것이다. 기존 국가 중심의 통화 관리에 대한 회의감이 탈중앙화를 지향하는 블록체인 기술 기반의 비트코인을 탄생시켰다.

그는 현재의 인터넷 상거래에 신용기반 모델이라는 약점이 내재한다는 점에 주목했다. 대부분 금융기관을 제3자 신뢰기관으로 두고, 전자지불 방식에 전적으로 의존하는 형태라는 것이다. 이때 금융기관은 거래에서의 분쟁을 중재해야 한다. 중재 비용은 거래 수수료에 반영되고, 거래를 위한 수많은 신용을 요구하여 고객을 귀찮게 만든다. 사토시는 여기에서 착안해 암호화 기술에 기반을 둔 전자지불 시스템을 제안했다. 이를 이용하면 자발적인 두 거래자가 제3자 신뢰기관(금융기관)이 없이도 직접 거래를 할 수 있다. 그리고 거래의 시간 순서를 전산상에서 입증하도록 하는 P2P 분산 네트워크 기반의 타임스탬프 서버를 이용하여 이중지불 문제를 방지하는 해법을 제안했다. 그는 악의적 노드 그룹보다 정직한 노드들이 더 많은 특정 주체가 아닌 모두의 참여를 기반으로 컴퓨팅 파워가 관리되는 한 통상적인 시빌 공격Sybill Attack[14]의 가능성은 크게 줄어들 수 있다.[15] 결과적으로 사

---

[14] 시빌 공격은 네트워크 해킹 공격의 일종으로 특정 목적을 위해 한 명이 한 것을 여러 명이 한 것처럼 속이는 공격의 형태다.

[15] Satoshi Nakamoto, 「Bitcoin: A Peer-to-Peer Electronic Cash System」, 2009.

토시는 제3의 신뢰기관이 없어도 원장 정보의 수정이나 해킹이 불가능하기에 신뢰할 수 있는 개인 간 거래 방법을 제안한 것이다. 이것이 바로 블록체인 기술이며 이를 실험적으로 증명하기 위해 비트코인이라는 암호화폐가 도입되었다.

비트코인에 세상에 출현한 건 글로벌 금융위기가 한창이었던 2009년 1월 3일이었다. 개인 간의 직접적 금융 거래가 중개인이나 은행 시스템을 거치지 않고 누구의 간섭도 없이 이루어질 수 있음을 입증한 지 이제 10여 년의 시간이 흘렀다. 그 사이 수많은 도전과 비판에도 불구하고 암호화폐는 지금까지 한 번도 다운되지 않은 가장 믿을만한 시스템이라는 신뢰를 얻었다. 비트코인은 단순한 화폐나 통화의 개념으로 이해하기 힘들다. 구태여 이러한 수단이 왜 필요한지 의문을 제기하는 사람도 많다. 사실 비트코인이 없을 때도 전자상거래는 확대일로를 걷고 있었으며, 현재의 시스템은 다소의 불편함 정도만 감수하면 그런대로 다수의 필요를 충족시키고 있기 때문이다. 이러한 상황에서 비트코인은 무얼 의미하는가? 다양한 정의가 가능하겠지만 비트코인은 가치를 움직이는 신뢰 토대가 정부나 법적 기반 없이도 가능하다는 것을 입증한 일종의 금융 혁명이자 사회 혁명이다.

비트코인의 탄생은 바로 전해에 처음 출시된 아이폰과 비견할만하다. 아이폰은 전례 없던 가능성을 보여주면서 전 세계인에게 감동을 주었다. 비트코인은 선택의 여지가 없던 금융 분야에 신뢰할만한 선택의 기회를 준 자체로도 역사적인 평가를 받기에 충분하다. 적절한 수준의 익명성을 보장하면서 소수의 법적 신뢰 주체가 개입하지 않고 다수가 참여해 가치를 이동시킬 수 있는 가능성을 현실화했기 때문이다.

비트코인에 관한 소개나 자료는 넘쳐난다. 그러나 비트코인의 진정한 의미를 제대로 조명하는 관점은 많지 않다. 민초들을 우선하는 금융 주권 차원의 메시지가 기득권들의 폐쇄적 관점에 가로막혀 제대로 전달되지 못하기 때문이다. 지금 암호화폐는 소수의 집단적 반항 정도로 치부되거나 불순한 의도의 무정부주의로 폄하되기도 한다. 물론 그러한 측면이 전혀 없는 건 아니다. 그러나 물이 고이면 썩듯이 혁신은 계속되어야 한다. 그 방향은 모두를 위한 진화여야 한다. 불행히도 인류 사회의 가장 중요한 산물 가운데 하나인 금융 시스템마저도 초연결 환경에서는 더 이상 효율성을 제고하기 힘들어졌다. 글로벌 금융위기를 계기로 등장한 비트코인은 단순히 대안적인 화폐 실험 정도로 볼 것이 아니다. 과거의 의식 체계를 다시 한번 흔드는 건전한 자극제다. 따라서 현재 시스템의 효율성과 비교하는 것은 큰 의미가 없다. 비트코인은 기존 체제와 경쟁하려고 만든 시스템이라는 관점이 아니라, 서비스의 관리자와 제공자에 대한 근본적이고도 핵심적인 질문으로 보는 것이 타당하다.

암호화폐의 지적 역사

이러한 비트코인의 탄생을 좀 더 깊이 이해하려면 디지털 머니의 발전 과정을 면면히 검토해볼 필요가 있다.

암호화폐를 포괄하는 디지털화폐는 비트코인이 탄생하기 10여 년 전에 이미 밀턴 프리드먼Milton Friedman이 예견한 적이 있다. 비트코인의 출현 이전에도 디지캐시를 설립한 데이비드 차움David Chaum

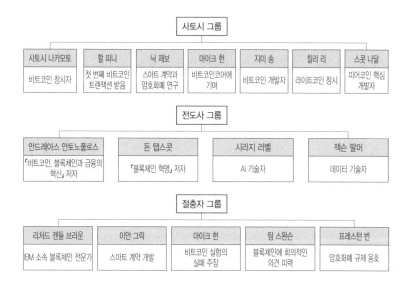

같은 암호화폐 분야의 실력자들은 즐비하다. 사토시가 중요한 평가를 받는 것은 특히 어떠한 중앙화된 요소라도 결국 공격당할 수밖에 없다는 그의 안목 때문인데, 이러한 안목이 비트코인의 성공을 가져온 것이라고 해도 과언이 아니다. 실제로 비트코인의 전 단계인 이캐시eCash, 웹머니WebMoney, 이골드, 리버티리저브LibertyReserve, 디지골드DigiGold, 이불리언e-Bullion, 디지캐시 등의 디지털 머니는 특정 요소가 취약해지면서 끝나버렸다. 반면에 비트코인은 중앙화된 제3자 중개인Trusted Third Party, TTP을 없애면서 취약성의 근원을 제거했고 동일 데이터를 공히 공유하고 입증하는 진입과 퇴출이 자유로운 오픈 방식을 고집하면서 소수의 개입을 차단했다.

정보 기술자인 이들의 기술적 특장을 이 책에서 모두 다루기는 어려울 것이다. 여기에서는 가급적 큰 틀에서 객관적으로 논의해야 하는 사항들을 다루고자 한다. 이는 현재의 불합리성을 갈파하고 새로운 세상을 꿈꿔왔던 이들의 생각을 읽어보려는 시도다. 특히 전통적인 규제산업인 금융산업에서 발생한 문제를 극복하려면 우리에게 주어진 틀 밖의 사고와 관찰에 귀를 기울여야 한다. 자체적으로 해법을 추구하기는 거의 불가능하기 때문이다. 통상적으로 입증되었기에 자연히 신뢰기반으로 인정되던 틀에서 벗어난 대안적 실험들에 사회구성원들이 어떤 시각으로 접근할 것인지가 핵심이다.

다음은 분야별로 암호화폐의 전문가들을 그룹화해본 것이다. 특정 기준을 따르기보다 상식적 차원의 분류로 보면 된다.

사토시 그룹

사토시를 포함한 사이퍼펑크 집단은 중앙집권화된 국가와 기업구조에 대항하고 과학과 기술을 통한 탈중앙집권화를 옹호한다. 다국적 기업과 국가권력 그리고 금융자본의 통제와 감시로부터 자유롭고자 한다. 그들은 무정부주의적, 급진적, 반항적이며 정부의 권위를 대체할 수 있는 수단으로 암호를 활용한다. 사토시는 이러한 정신을 바탕으로 비트코인을 개발하고 비트코인 백서를 저술했다. 그는 블록체인 데이터베이스를 고안했으며, 이 과정에서 암호화폐를 사용한 P2P 거래를 가능하게 했다.

할 피니는 그는 사토시로부터 첫 번째 트랜잭션을 받았으며 초기 비트코인의 사용자였다. PGP코포레이션PGP Corporation의 개발자였던 그는 비트코인 이전에 재사용 가능한 최초의 작업증명 시스템을 개발하기도 했다.

닉 재보는 컴퓨터 과학자이자 법학자로 암호 해독에 관한 연구를 수행했다. 그는 특히 디지털 계약과 암호화폐에 관한 연구로 유명한데, 1998년에는 '비트골드'라는 분산된 디지털화폐 메커니즘을 설계하기도 했다. 그가 사토시 나카모토라는 추측도 있었다.

마이크 헌Mike Hearn은 구글 엔지니어였고 자동패키지auto-package를 개발했다. 그는 비트코인JBitcoinJ을 만들고 비트코인코어Bitcoin Core에 기여한 사람이기도 하다. 그러나 나중에 비트코인 실험은 실패라고 주장하기도 했다.

지미 송Jimmy Song은 대담한 직설가다. 그는 비트코인 개발자이며, 블록체인 프로그래밍을 교육하고 있다. 암호화폐 기술에 대한 전문 지식을 보유하고 있으며, 오픈소스 지갑 관리 플랫폼의 개발자이기도 하다.

전도사 그룹

우선 안드레아스 안토노풀로스를 빼놓을 수 없다. 과학기술학자이기도 한 그는 비트코인 업계에서 가장 널리 알려지고 높이 평가되는 인물이다. 작가이기도 한 그는 암호화폐 관련 복잡한 주제를 일반인들이 쉽게 접근하고 이해할 수 있도록 돕고 있으며, 스타트업에 조언을 해주기도 하고, 전 세계를 무대로 비트코인 관련 회의와 행사에서 연설을 하고 있다.

잭슨 팔머Jackson Palmer, 시라지 러벨Siraj Raval 등은 기술적 토픽을 쉽게 설명하는 능력을 가지고 있다. 팔머는 데이터 분석 및 플랫폼 구축 기술을 가지고 있으며 전자상거래나 데이터 과학 등에 관심을 갖고 있다. 러벨은 인공지능 기술자로 인공지능 공동체 구축 및 수많은 오픈 소스 작업을 수행하였다. 인공지능 교육기관을 운영하고 있기도 하다.

돈 탭스콧Don Tapscott도 초기에 상당한 역할을 했다. 그는 비즈니스 전략 및 조직 변화, 기술의 역할에 관한 컨설턴트이자 기업 경영자로『블록체인 혁명』을 저술했다.

언론 및 학계

MIT미디어연구소MIT Media Lab의 마이클 케이시Michael Casey는 선각자다. MIT디지털커런시그룹MIT Digital Currency Group의 참여자들은 귀중한 실전 경험을 가지고 있다. 하버드대학교의 버크먼 클라인 연구소Berkman Klein Center도 법과 규제 관련 핵심적인 연구 역량을 보유하고 있다. 법적 영역과의 경계에서 하버드대학교의 요차이 벤클러Yochai Benkler, 패트릭 머크Patrick Murck 등은 민간 주도의 새로운 방향을 제시했고, MIT의 크리스티안 카탈리니Christian Catalini, 뉴욕대학교의 데이비드 예르막David Yermack, 스탠퍼드대학교의 수전 애시Susan Athey 등은 새로운 세상을 전개하는 디지털 변화의 실체를 학문적으로 파고든 대표적인 선각자들이다. 2018년 출간된 세이프딘 에이머스의『비트코인 스탠더드』는 화폐 역사를 넘어 큰 틀에서 비트코인에 접근하는 점이 눈에 띈다.

사토시가 계획한 네트워크의 작동

비트코인의 네트워크의 작동은 다음과 같은 과정으로 이루어진다.

1) 새로운 거래 내역이 모든 노드에 알려진다.

2) 각 노드들은 새로운 거래 내역을 블록에 취합한다.

3) 각 노드들은 그 블록에 대한 작업증명을 찾는 과정을 수행한다.

4) 어떤 노드가 작업증명을 성공적으로 수행했을 때, 모든 노드에 그 블록을 전송한다.

5) 노드들은 그 블록이 모든 거래가 이전에 쓰이지 않고 유효한 경우에만 승인한다.

6) 노드들은 자신이 승인한 블록의 해시를 이전 해시로 사용하여 다음 블록을 생성하는 과정을 통해 그 블록이 승인되었다는 의사를 나타낸다.

이 과정에서 모든 거래를 공개적으로 알려야 하기에 개인정보가 노출된다는 문제를 제기할 수 있겠지만, 사토시는 공개키를 익명으로 소유하도록 함으로써 정보의 흐름을 차단하고 개인정보가 보호될 수 있다고 보았다. 즉, 누군가가 다른 누군가에게 얼마를 보냈다는 사실은 볼 수 있으나 거래 당사자들의 신분은 알 수가 없다. 증시에서 공개되는 시간과 거래 목록만 확인 가능한 거래체결 정보공개 수준과 비슷하다고 할 수 있다. 또 추가적으로 매 거래마다 새로운 공개키와 개인키 쌍을 사용하여 공통의 소유자에게 연결되도록 했다.

블록체인의 기술적 가치는 정보 보호와 공개라는 양립된 문제를 해결하면서도 중앙기관 없이 비대칭 암호화 기술을 기반으로 개인 간 거래가 가능한 방법을 제안한 것에 있다. 즉, 사토시 논문의 의의는 암호화폐에 있는 것이 아니라 중앙기관 없이도 이중지불을 방지할 수 있다는 것을 증명한 데 있다. 이를 기반으로 한 비트코인 혁명은 은행 서비스에 접근하는 것조차 어려웠던 많은 사람들에게는 단순한 기회 이상의 중요한 의미를 가진다. 즉, 블록체인이란 가장 폐쇄적으로 유지되었던 금융 시스템에 모두가 제약 없이 참여할 수 있게 하는 개방형 플랫폼 기술인 것이다. 기존의 신뢰토대에 의존하지 않는 독자적 기술이라는 점에서 일면 의아하게 보일 수도 있겠지만 그만큼 암호화폐는 기존 법정화폐로 대표되는 신뢰 체제와 확연히 구분되는 혁명적 대안이라 할 수 있다.

어찌 보면 가장 모순적인 가치 체계가 세상에 소개되면서 사회적 혼란까지 야기할 정도로 큰 파장을 가져다주고 있다고 볼 수 있다. 모순적이라고 한 이유는 사회적으로 여러 단계를 거쳐 신뢰 주체로 인정받는 통상적인 과정 없이 누구나 참여하여 신뢰를 만들어가는 노력이 가능하다는 점과 이를 토대로 가치가 익명의 주체들 간에 이전될 수 있다는 점 때문이다. 통상적인 검증 없이 어떻게 신뢰기반이 구축되고, 어떻게 특정인들이나 그룹들의 개입 없이 가치 이전이 가능한지에 대한 의문은 이미 2009년 1월 3일 이래 작동하고 있는 비트코인 블록체인을 통해 불식되었다.

이미 가상세계는 젊은이들이 열광하는 게임에 깊숙이 들어와 있다. 오큘러스Oculus 가상현실 기어를 쓰고 경험하는 극한 상황은 가상세계의 매력을 피부로 느끼게 해준다. 이미 가상세계는 경험이라는 인식 서비스를 제공하고 향유하는 엄청난 가치의 시장으로 성장하고 있다. 그에 비해 가상세계가 경제의 핵심인 금융 분야에 본격적으로

들어오기 시작한 것은 최근의 일이다. 가상과 현실의 구분을 무색하게 하는 기술 요인들은 규제가 가장 심한 금융산업에 침투하기 시작했고, 이제 금융산업의 근간마저 뒤흔드는 변화를 주도하고 있다. 그중에서도 비트코인은 전통적인 금융산업이 제공하는 것들 중 가장 핵심적인 지급결제 방식에서 혁명적 대안을 제시했다는 점에서 충격적이다. 가장 보수적이고 폐쇄적인 금융 분야에서 중개인들의 개입 없이 지불이 가능하게 한 점은 어쩌면 신부를 거치지 않고 직접 신에게 기도하게 한 마틴 루터Martin Luther 이후 가장 획기적인 혁명으로 간주할 수 있다.

비트코인을 주축으로 한 암호화폐 군단은 2018년 초 기준으로 시가총액이 5,000억 달러에 이르면서 기존 가치 체계에 깊숙이 들어왔고, 그 후 국가권력의 본격적 견제를 받기 시작하면서 큰 폭의 등락을 거듭하고 있다. 흙수저 젊은이들이 열광하는 새로운 세계는 오로라처럼 현란하지만 이내 사라지기도 한다. 그러므로 가상세계는 현실이 필요하다. 현실을 기반으로 가상이 존재하는 상호의존적인 구도 속에서 사회 전반의 다양한 실험이 시작되었다. 이제 전통적 규율 세계와 탈중앙화 및 분산화가 특징인 자율 세계의 전면적 충돌이 본격화할 것이다.

블록체인에 관하여

블록체인은 이미 오래전부터 인류 사회의 핵심적 가치창출 기반이었다. 수천 년 동안 인류는 필요에 의해 중앙화와 탈중앙화의 실험을 거듭해왔고 최근의 초연결 환경에 들어서면서 탈중앙화의 본질적 이슈를 접하게 되었다. 실제로 블록체인의 본질은 우리에게 너무도 익숙한 것이다. 우리는 일기와 같은 기록들을 자신만이 아니라 다수에게 인정받으려면 일정 과정의 증명 절차를 거쳐야 하고 인정되는 범위에 따라 통용되는 범위도 정해진다는 사실을 역사를 통해 경험했다. 군주제와 왕조 시대에는 수직적·계급적 명령 체계로 이러한 노력들이 수직적 패턴으로 전개되었는데 사실 인류 역사의 대부분이 그러한 시대라고 할 수 있다. 그러나 연결 환경이 정착되면서 수평적 연관이 만드는 다면적 시장이 발달하기 시작했다. 발전 초기에는 플랫폼 기업들이 왕처럼 군림했는데 이는 거래가 이루어지는 플랫폼의 운영자로서의 수익을 독점적으로 가져갔기 때문이다. 민주주의가 정착되면서 선거와 투표가 공감대 형성의 주요한 과정으로 자리 잡게 되었는데 이것이 바로 블록체인의 공감대 알고리즘과 본질적으로 같은 과정이라고 할 수 있다.

독재와 민주, 왕조와 봉건사회 등 역사는 다양한 지배구조를 거치며 이어져왔지만 각 시대의 지배구조는 당시의 환경에 적합한 소통과 신뢰 구축 방식을 따랐다. 각 시대의 다수가 인정하는 방식으로 신뢰가 구축되었고, 이를 토대로 경제 거래가 이루어졌으며, 부와 자산이 축적되고 남겨졌다. 이 모든 과정의 핵심은 자신만의 메시지를 전달할 수 있는 신뢰토대와 이를 인정할 수 있는 공감대 형성 방식으로 나눌 수 있다. 암호화 기술은 자신의 진실된 메시지가 우편엽서로 전달되도록 하는 것과 같고, 작업증명은 이를 공동의 거대 장부에 기록하는 것을 인정하게 되는 다수의 입증 방식이다.

다수에게 주어지는 다양한 기회를 보장하고 자연스러운 중앙화를 견제하기 위한 생태계 차원의 원칙, 그리고 이를 코드와 운영체제, 사회적 약속으로 구현해내는 일련의 노력들이 이미 실험을 통해 진행되고 있다. 다만 우리는 그동안 중앙화된 시스템으로 인해 그 존재를 미처 파악하지 못했을 뿐이다. 가령 인터넷 발달의 기틀을 마련한 분산형 컴퓨터 네트워킹 기술인 TCP/IP와 블록체인 간에는 유사점들이 있다. 이메일이 TCP/IP와 암호화를 통해 P2P로 메시지를 교환할 수 있도록 한다면, 비트코인은 암호화와 작업증명의 합의 알고리즘을 통해 P2P로 금융 거래를 가능하게 한다. 또한 TCP/IP는 연결 비용을 대폭 낮춤으로써 새로운 경제적 가치를 선보였는데, 마찬가지로 블록체인도 거래 비용을 극적으로 낮출 수 있으며 모든 거래를 기록하고 관리하는 공적 시스템으로 발전할 가능성이 있다. 실제로 그런 일이

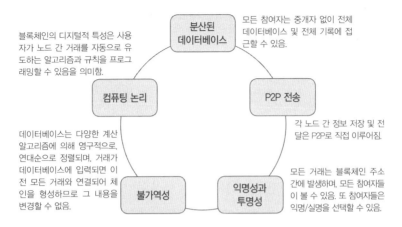

분산된
데이터베이스

모든 참여자는 중개자 없이 전체
데이터베이스 및 전체 기록에 접
근할 수 있음.

블록체인의 디지털적 특성은 사용
자가 노드 간 거래를 자동으로 유
도하는 알고리즘과 규칙을 프로그
래밍할 수 있음을 의미함.

컴퓨팅 논리

P2P 전송

각 노드 간 정보 저장 및 전
달은 P2P로 직접 이루어짐.

데이터베이스는 다양한 계산
알고리즘에 의해 영구적으로,
연대순으로 정렬되며, 거래가
데이터베이스에 입력되면 이
전 모든 거래와 연결되어 체
인을 형성하므로 그 내용을
변경할 수 없음.

불가역성

익명성과
투명성

모든 거래는 블록체인 주소
간에 발생하며, 모든 참여자들
이 볼 수 있음. 또 참여자들은
익명/실명을 선택할 수 있음.

블록체인 기술의 다섯 가지 기본 원칙(자료: 「하버드 비즈니스 리뷰」)

일어날 수 있기 때문에 블록체인은 경제에 다시 한번 근본적인 변화
를 불러일으킬 수 있다. 암호화폐로 소개된 변화는 물론 공적 시스템
만이 아니라 대중 참여의 원칙과 수학적 신뢰토대를 기초로 거의 모
든 분야의 업무처리 방식에 변화를 초래할 것으로 보인다.

　초연결 환경에서 경제활동에 참여하는 모든 존재를 엮어내는 기
술이 과연 일부에서 말하는 혁명적 차원인 것인가? 사람 사이의 연결
을 거대 공동장부를 통해 이루어낸 블록체인이란 과연 무엇을 의미하
는가? 신뢰 없이도 거래를 가능하도록 만드는 신뢰기술은? 이와 같이
암호화폐와 블록체인 기술이 세상이 원하는 연결을 만들어준다는 믿
음이 커지면서 시대의 화두로 떠오르고 있다. 블록체인 2.0인 이더리
움에서 구현되었던 다오Decentralized Autonomous Organization, DAO나 스마
트 계약을 지탱해왔던 초기 암호화폐는 이제 본격적인 개방 플랫폼에
서의 탈중앙화를 가능하게 하는 추가적인 인센티브를 장착하게 되었

다. 블록체인 3.0이라는 본격적인 탈중앙화 플랫폼의 구축 수단으로서 암호화폐가 진화하고 발전하게 된 것이다. 플랫폼 운영자들만 독식하던 가치창출이 이제 본격적인 탈중앙화를 가능하게 하는 프로그램화된 화폐, 즉 3세대 암호화폐를 통해 모든 참여자들이 형평성 있게 나누는 방식으로 다양한 실험 무대 위에서 진행되고 있다.

플랫폼으로서의 블록체인

블록체인은 근본적으로 탈중앙화를 구현하는 도구다. 이는 스케일 효과를 극대화하기 위해 필수적인 파이프pipe 비지니스에서 플랫폼 비지니스로의 전환 시 반드시 추구해야 할 변화다. 그런데 문제는 블록체인이 현재 환경에서 상당히 절충적인 형태로 변하고 있다는 것이다. 파이프 비지니스는 가치창출과 교환의 중앙화된 모형에 기초하고 있으며 계약으로 유지되는 공급체인 중심으로 발달한다. 플랫폼은 이러한 가치창출과 교환을 탈중앙화시켜왔다. 대표적인 플랫폼 기업인 우버Uber나 에어비앤비Airbnb, 엣시Etsy 등은 가치의 창출과 교환 탈중앙화 모델을 운영하는 스케일된 중개업자scaled intermediaries 즉, 가치창출의 폭발력을 가진 중개업자다. 이러한 모델을 과연 탈중앙화된 것으로 볼 수 있을까? 우버는 택시 운전사의 공급 측면을 관리함으로써 기존의 운수업체로부터 시장 장악력을 확보할 수 있었다. 그런데 아직도 운전수 등 참여자들의 신상 정보나 지불 관련 매커니즘, 가격 책정 등 시장을 구성하는 다양한 요소에 대한 관리 능력을 갖고 있다는 게 문제다. 플랫폼 운영자로서의 중앙서버 기능을 여전히 유지하고 있는 것이다. 어찌 보면 형태만 달라졌을 뿐 기존 회사들과 크게 다를 바 없다고 볼 수 있다. 시장에 공평한 참여가 확대되려면 원래 취지대로 탈중앙화된 플랫폼의 역할이 바람직하다. 우버의 경우처럼 과거의 중개인과는 다른 방식으로 비즈니스를 수행한다 하더라도 중앙집중화는 발생할 수 있다. 다만 이 새로운 중앙집권적 중개인은 현재의 집중화 중개 방법보다 더 발전된 방안을 보여주기는 한다. 디지털 네트워크에서도 P2P 네트워크를 활용하여 플랫폼 운영자로서 거래와 연관을 지배할 수 있다. 동시에 허위거래가 불가능한 프로토콜과 인프라를 구비하여 탈중앙화된 장부를 유지함으로써 개방적인 지배구조를 관리할 수 있다. 프로토콜을 수행함으로써 신뢰를 제공하고 이를 기반으로 모든 경제활동이 영위되는 것이다. 물론 중개업자들은 신뢰를 제고하고 시장 작동의 신뢰성을 높이는 역할을 하지만 그 반대의 경우도 허다하다. 우리는 플랫폼이 산업과 경제를 변화시키면서 시장의 통합이 진전되는 것을 경험하고 있지만 한편으로 플랫폼이 모든 이익을 독점하는 건 우려해야 한다. 생태계 자체에 위협이 될 정도의 독점적 위치로 이어지는 경향이 있기 때문이다. 그러므로 플랫폼 중개업자들의 잠재적 위험을 간과할 수는 없다. 블록체인은 이러한 경향을 완화하기 위해서도 필수적인 패러다임이다. 이것이 블록체인을 서비스로 간주하는 이유다.

블록체인의 변환력transformative power은 결국 지배구조의 탈중앙화에서 출발한다. 과거 소수의 엘리트가 유지했던 시스템은 중앙화라는 기본 가정에서 출발하는데 요즘과 같이 모든 것이 연결된 상황에서는 굳이 한곳에 정보나 돈을 집중시킬 이유가 없다. 그렇다보니 독점적인 시장에서의 위치나 계급은 점차 타당성을 상실하고 있다. 문제는 분산 시스템을 기반으로 한 서비스가 기존의 것보다 우월한 선택임을 다수가 공감해야 하는데, 아직은 이를 제대로 선보일 확실한 사례가 제대로 나타나지 않았다는 점이다. 유일하게 9년이 넘는 검증을 거친 예가 바로 비트코인이다. 비트코인이 구동되는 기반인 블록체인은 다수가 참여하고 유지하는 거대한 스프레드시트로 볼 수 있다. 블록체인은 거래 내용이 빼곡하게 기록된 블록을 이전 블록에 연결하면서 업데이트가 규칙적으로 이루어진다. 중앙의 통제나 개입에서 자유롭다. 완전히 자체 프로토콜로 작동되는 분산형 체제의 궁극적인 표본이자 킬러 앱인 것이다.

블록체인은 어떻게 작동하는가

이제 블록체인이 무엇인지 자세히 알아보자. 우선 블록체인은 탈중앙화와 보안성, 투명성을 특징으로 하는 4차 산업혁명의 신성장 산업을 발전시키는 데 있어서 신뢰성을 강화하고 효율성을 제공하는 기반기술이다. 4차 산업혁명의 바탕이 되는 기술이라 할 수 있다. 이러한 블록체인은 기술적으로 공개키 알고리즘과 해시 암호화 기술, 분산처리구조에 따른 저비용을 바탕으로 현재의 중앙집중식 원장을 분산원장 구조로 대체 가능하게 한다. 블록체인의 활용 가능 분야는 금융 거래, 공증, 증명, 보험, 등기 서비스, 인증, 헬스케어, 공공 분야 등다양하다. 그중 금융 분야가 비트코인을 중심으로 급속한 변화에 직면해 있으며 초기 시장을 형성 중이다. 블록체인 기술을 통해 당사자간 P2P 금융 거래가 가능하기에 지급결제 중계 시스템에 가장 위협적이다.

이제까지는 거래가 완결되려면 각자의 장부에 기록을 비교하고 흠결을 체크하는 과정을 거쳐야 했다. 그런데 공동으로 유지되는 거대한 공개장부를 활용함으로써 이러한 인증 과정을 말끔하게 제거할 수 있게 되었다. 이 공개장부를 기반으로 공동의 참여와 업데이트, 암호화 기술을 통해 거래가 완결되는 것이다. 따라서 암호화폐를 떠받치고 있는 블록체인 기술을 신뢰기술이라고 표현할 수 있다. 여기서 신뢰기술은 장부가 장부로서의 가치를 유지할 수 있도록 끊임없이 스스로 검증해나가는 기술을 뜻한다. 이는 프라이버시가 철저히 보호되고 외부의 개입 여지가 없는 새로운 세상을 이끌어나갈 수 있는 기초기술이다. 그리고 이를 기반으로 한 암호화폐는 중앙에서 통제하는 시스템이 아니라 완전히 분산된 형태의 네트워크를 기반으로 만들어진 인센티브로 정의할 수 있다. 중앙 시스템이 법정화폐라는 돈을 기반으로 돌아간다면 분산 시스템은 암호화폐를 기반으로 작동하게 된다.

블록체인에서 핵심적인 공개키의 암호 기술은 말하자면 우편엽서에 비밀 메세지를 적어 원하는 사람에게 전달할 수 있는 기술이라고 볼 수 있다. 이 기술은 공개된 장부이지만 주소에 해당하는 공개키와 열쇠에 해당하는 개인키가 쌍을 유지하는 방식으로서, 일견 공개된 정보이지만 가치가 특정인에게만 전달되도록 하는 획기적인 발상이다. 기본적인 해시 기술이나 블록 연결 기술은 기존 디지털 세상에서 고질적인 문제로 남아 있던 이중지불 방지 문제를 깔끔하게 풀어낸 획기적인 기여임에 틀림없다. 그것도 비밀은 감추어야 한다는 기존의 발상을 뒤집어서 공개하되 다수에게 공개함으로써 특정인들의 프라이버시가 공격으로부터 자유로울 수 있다는 발상은 가히 혁명적이다. 이 같은 신뢰기술은 과거 정부와 같은 신뢰 주체들이 보증하거나 개입하는 상황에서 벗어나 완전히 남남인 경우에도 메시지나 가치를 전달할 수 있게 한다. 이 점에서도 혁명적이라 할 수 있다. 이 기술은 블록체인이라는 기반 위에서 더욱 빛을 발한다. 최근 들어서 본격화되고 있는 블록체인 논의는 비트코인이라는 혁신의 장이 다른 분야에서도 꽃피울 수 있음을 시장에서 파악했기 때문이다.

그러나 이처럼 새로운 가능성과 다양한 장점을 가지고 있는 블록체인 기술에 의문을 제기하는 사람들도 있다. 특히 거래 처리 속도 문제가 꾸준히 제기되어왔다. 노드 수가 늘어나면 처리 속도가 당연히 저하될 수밖에 없기 때문이다. 그래서 오프체인으로 거래 속도를 높이는 데 초점을 맞춘 라이트닝 네트워크가 이 문제의 해결 방안으로 제시되기도 한다. 하지만 기능적인 측면에서 번거롭고 속도도 느린 비트코인 블록체인을 기존의 비자Visa, 마스터Master 신용카드와 단순 비교할 수는 없다. 애초부터 그런 목적으로 탄생한 P2P 지불 시스템이 아니기 때문이다.

이처럼 사적 화폐의 부활을 가능하게 하는 분산장부인 블록체인 기술과 이를 기반으로 탄생한 암호화폐에 대한 논의는 결코 단조롭지 않다. 먼저 화폐적 측면에서의 쟁점을 살펴보자. 현재의 암호화폐에는 여전히 확장성과 프라이버시 문제가 존재한다. 우선 1분당 일곱 건 정도 처리할 수 있는 시스템이 실제 결제 수요의 수단으로 자리매김하기는 어렵다. 그러나 이는 앞서 말한 라이트닝 네트워크를 통해 많이 해소할 수 있다.

두 번째는 '블록체인'이 시대의 화두로 떠오르고 있다는 사실이다. 일견 고무적이지만 다른 한편으로는 블록체인에 내포된 진정한 메시지가 제대로 전달될 수 있을지 우려도 존재한다. 인터넷과 비교해보자면 오늘날 TCP/IP를 이해하는 사람들은 소수에 불과하지만 인터넷의 활용은 누구나 가능하다. 마찬가지로 블록체인의 경우에도 기술적 이해를 넘어 활용과 관련된 공감대 형성의 단계로 넘어가야 하는데 아직도 초기의 이해 단계에서 머무는 경우가 많기 때문이다.

원래 블록체인은 공개 분산장부이다. 공개 분산과 업데이트의 과정은 인류 사회가 서비스를 만들고 제공하고 소비하는 일련의 과정을 변화시킬 수 있는 잠재력이 있다. 블록체인은 공개가 다수에게 무차별적으로 이루어지는지의 여부에 따라 퍼블릭, 프라이빗으로 나뉘는데 만일 처음부터 대규모 거래 처리가 목적이었다면 기술적인 관점에서만 평가해도 문제가 없다. 문제는 다수의 참여로 유지되는 장부이기 때문에, 그리고 노드 수가 기하급수적으로 늘어난 지금으로서는 거래 처리보다는 가치 저장의 기능이 더욱 강조될 수밖에 없다. 그러나 이러한 전통적 시각에서의 기능 평가는 암호화폐와 블록체인의 진정한 가치를 너무 좁은 시각에서 보는 측면이 있다. 지금까지 기존 체제에서는 모두가 각자의 장부를 기록하고 유지하는 데 공을 들였기 때문이다. 이 시점에서 강조해야 할 부분은 기술적 측면보다는 근본적인 차원에서의 평가가 더욱 중요하다는 점이다. 단순히 기존 시스템과 직접 비교되는 대안적인 체제로서의 가치가 아니라, 지금까지 유지된 체제를 완전히 대체할 수도 있는 기초적이고 포괄적인 차원에서의 평가가 중요하다는 점이다.

라이트닝 네트워크Lightning Network

라이트닝 네트워크는 블록체인(대부분 비트코인) 위에서 작동하는 '두 번째' 결제 프로토콜이다. 참여 노드들 간에 즉각적인 거래가 가능하며 이는 비트코인의 확장성scalability 문제에 대한 해결 방안으로 제안되었다. 제3자 신뢰를 최소화하거나 자금의 관리를 위임하지 않고 양방향 지불 채널 네트워크를 통해 디지털 암호화폐의 소액 결제를 수행하는 P2P 시스템이 특징이다.

라이트닝 네트워크는 블록체인의 기본 기술을 바탕으로 스마트 계약 스크립트 언어를 사용하여 고용량 및 고속으로 거래할 수 있는 안전한 네트워크다. 거래의 특징은 즉시 지불, 확장성, 저렴한 비용, 크로스 블록체인이라는 네 가지로 설명할 수 있다. 블록 확인에 드는 시간이 없는 블록체인 지불 시스템으로, 지불 속도는 밀리초에서 초 단위이다. 이때 보안은 블록체인 스마트 계약에 의해서 이루어진다. 1초에 수백만에서 수십억 건의 거래를 수행할 수 있는 용량을 갖추고 있으며, 거래 처리에 낮은 수수료를 적용한다. 또 여러 종류의 블록체인 합의 규칙에 따라 즉각적으로 크로스 체인 변경이 이루어진다. 이 과정에서 제3자 관리인 없이 블록체인 간 거래도 수행할 수 있다.

퍼블릭Open, 프라이빗Closed 체인의 차이와 의미

블록체인은 거래 내역을 모두가 공유하는 분산장부, 즉 기본적으로 퍼블릭 블록체인의 형태를 띤다. 퍼블릭 블록체인의 경우 모든 참여자가 거래 내역을 검증하면 무결성에는 도움이 되겠지만, 프라이버시 문제가 발생할 수 있다. 가령 내부 정보나 영업기밀 등 반드시 숨겨야만 하는 정보들이 있을 수 있다. 따라서 이에 대한 대안으로 높은 프라이버시를 보장하면서도 실제 운용상의 현실적 필요를 채울 수 있는 방법인 프라이빗 블록체인이 제안되었다. 그러나 엄밀히 말하면 프라이빗 블록체인은 블록체인의 기본 철학과는 다소 거리가 있다. 그럼에도 프라이빗 블록체인의 발달 속도나 모멘텀은 퍼블릭 블록체

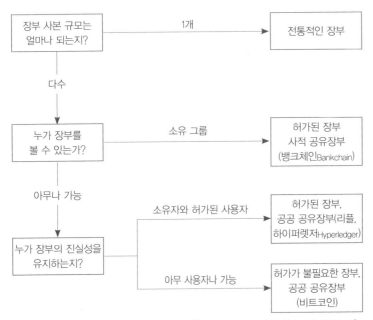

원장의 종류와 특징(자료: A report by the UK Government Chief Scientific Adviser)

인에 비해 월등히 빠르다.

　기존 체제와의 비교에서 기술적 효율성을 입증하려면 일단 노드 수를 줄이고 허가된 소수만이 참여하는 프라이빗 블록체인의 발달 유인이 훨씬 크다. 프라이빗 블록체인의 분명한 혜택은 공개되는 반면 투명된 환경을 포기한 결과다. 이처럼 효율성 면에서는 비교하기 어렵지만 퍼블릭이냐, 프라이빗이냐 하는 문제는 단순히 업무 효율성만으로 따질 것이 아니다. 생태계를 이끄는 주체가 소수의 허가받은 자로 남느냐 마느냐의 문제가 더욱 중요한 문제다. 물론 프라이빗, 퍼블릭의 구분이 애매해지는 상황으로 발전할 가능성도 충분하다. 그러나 초기에 비트코인 블록체인이 세상에 소개되었을 때의 기본적인 철학과 배경에 대해 진지한 고민과 평가가 있어야 한다. 납세자들이 어렵게 번 돈으로 운영되는 공적 시스템이 과연 보통 사람들을 위해 제대로 쓰이고 있는지 객관적으로 평가하고 견제할 수 있는 메커니즘이 작동해야 한다. 물론 완벽할 수는 없겠지만 대리인 비용을 관리할 수 있는 영구적인 피드백 매커니즘이 기존 시스템에 잘 흡착되어야 할 것이다. 만약 공감대 형성 알고리즘이 기존 레거시 체제에 의해 이용된다면 오히려 이는 여론을 조작하고 유도하는 기능까지 수행할 수 있다. 따라서 프라이빗 블록체인은 상당한 정도의 모니터링 채널을 반드시 구비해야 한다.

　향후 블록체인의 행방을 판단하기는 쉽지 않다. 시장 채택 가능성을 높이는 애플리케이션Dapp 개발이 우선인지, 아니면 탈중앙화의 기반 위에서 분산 애플리케이션 차원의 개발에 박차를 가해야 하는지 판단하기도 어렵다. 순서에 대한 논의에 앞서 공감대에 기초한 가

퍼블릭 블록체인 vs. 프라이빗 블록체인(자료: Coindesk)

	퍼블릭	프라이빗
접근성	데이터베이스의 접근이 공개되고 자유롭게 읽고 쓸 수 있음	데이터베이스 접근 허가를 받아야 읽고 쓸 수 있음
속도	상대적으로 느린 편	상대적으로 빠른 편
보안	작업증명, 지분증명 필요	사전 허가된 참여자만 허용
신원	익명	신원이 알려짐
자산	전통적 자산 (기존에 거래되던 자산)	새로운 형태 포함, 어떤 자산이나 가능

치창출의 혁신인 만큼 암호화폐의 가치에만 초점을 둔 투자적 관점은 너무 앞서 나간 느낌이다.

그래서 성급한 투자적 관점이 오히려 블록체인 기반의 생태계가 자생적으로 커나가는 데 뜻하지 않은 장애 요인으로 부각되는 측면이 존재한다. 레거시 체제가 뿌리를 내리고 있는 생태계에서 새로운 인센티브가 녹아들만한 공간이 쉽사리 보이지 않는다. 그러나 미래는 당위에 따라 결정되는 것이 아니라 자연스러운 진화의 결과일 것이다. 따라서 사회구성원들이 새로운 필요에 눈을 뜨고 변화를 추구하기 시작하면 순식간에 시장 판단은 바뀔 수 있다. 임계점에 접근한 상황이므로 앞으로 변동성은 더욱 커질 수 있다. 그러나 놀라운 세상이 특정 소수가 아닌 다수의 행복으로 이어지려면 지금부터 모두가 관심을 가지고 준비해야 한다.

2장

대결 :
암호화폐 논란의 핵심 짚기

철학은 좋지만 결국은 투기판 아닌가

Vs

투기 열풍은 암호화폐의 본질을 가렸을 뿐이다

블록체인과 암호화폐는 그 기술적 가능성에 비해 초기부터 기존 체제의 저항과 오해에 정면으로 부딪혀 구체적 사례를 만들어가는 데 많은 어려움을 겪고 있다. 기존 체제를 무너뜨리는 변화는 가늠하기 어려운 파장을 가져다주기 때문이다. 현실 부정에서부터 법이나 규제의 틀 안에 넣치 않으려는 관료적 시각에 이르기까지 실로 각계각층의 다양한 반응들이 나타나고 있다. 시장심리 안정을 위해 가이드라인을 발표하는 것도 중요하지만 무엇보다 안타까운 것은 미리부터 속단하여 미래 가치를 창출할 수 있는 기반의 현실화 가능성을 낮추고 있다는 점이다. 물론 초기에 개발자와 투자자 중심으로 암호화폐의 가능성을 과도하게 개진한 측면도 부정하기 어렵다. 하지만 이제 시장에 소개된 지 얼마 되지 않아 불가피한 측면이 있었다는 점을 감안해야 한다. 이와 함께 다수의 공감대 형성을 위해서는 기득권들의 참여와 이해가 절대적으로 필요하기에 그들만의 세상으로 빠져들지 않도록 개방과 협업 정신은 어떠한 경우에도 견지해야만 한다.

암호화폐는 암호화 기술과 공동 참여의 검증 과정을 거쳐 네트워크의 흠결성이 관리되는 기반 위에서 돌아다니는 가치다. 따라서 네트워크 없이는 존재할 수 없다. 그런데 왜 암호화폐가 투기의 대상이 될 수 있는 걸까? 본질을 이해하기 어렵고, 현상적인 화폐라는 대상에 기존의 투자적 관점을 투영시키기 때문이다. 사실 일반적인 투자적 관점에서의 암호화폐 투자는 본질적인 기능에 대한 평가와는 동떨어진 것일 수 있다. 특정한 목적을 위해 프로그램된 암호화폐가 제대로 작동하는지 모니터링하고 개선 작업에 참여하는 투자자는 많지 않다. 그러니 투기적인 요소가 다분하다는 점도 인정해야 한다.

　　따지고 보면 모든 가치는 시장의 검증을 충분히 거치기 전까지는 투기의 대상이 될 수 있다. 반면에 사전적으로 투기라고 정의할 수 있는 것들은 거의 없다. 그만큼 투기라는 것은 양날의 칼처럼 단기간에 관심을 증폭시켜 모니터링을 도와주는 측면이 있는 반면 애써 모은 재산을 탕진할 수 있는 무모한 투기 광풍으로 이어질 수 있기에 경계의 대상임에는 틀림없다.

　　투기 광풍은 사회공동체의 기본적인 신뢰기반을 약화시킨다. 광풍이 지난 뒤에는 사회적 신뢰토대도 허물어지기 마련이다. 더욱이 투기의 피해는 거의 모두 서민들에게 전가되기에 금융은 물론 사회 안정을 위해서도 투기는 반드시 경계해야 한다. 비트코인은 본질적 가치와는 관계없는, 지속 가능하지 않은 가격 변화의 특징을 보이기에 한때 치솟았던 비트코인 가격은 분명 버블적 요소가 내포되어 있으며 비트코인이 투기의 대상으로 간주된 것도 사실이다. 그러나 이는 다른 버블 현상이 그러하듯 암호화폐의 본질적 가치의 문제라기보다 투자자들의 심리와 주변 여건이 미비한 점이 더 큰 문제의 요인이라는 점에 주목해야 한다. 비트코인이 정교하게 짜인 인센티브의 틀이라는 건 분명하다. 엉성한 투기 대상과는 거리가 있다.

한국사회를 뒤흔들었던 암호화폐 열풍을 되돌아보자. 2017년 언젠가부터 암호화폐에 대한 일반인들의 투자가 시작됐고, 입소문을 타고 시장이 점점 커졌으며, 뉴스에 보도가 된 후 묻지마식 투기로까지 이어졌다. 그 결과 해외에서는 '김치 프리미엄'이라는 말이 나올 정도로 국내의 암호화폐 거래 가격이 해외 가격보다 높게 형성되었다. 2018년 1월 9일 기준, 미국의 가상화폐 정보업체 코인마켓캡Coin Market Cap의 비트코인 가격은 1,649만 원이었지만, 국내 암호화폐 거래소 빗썸에서의 가격은 2,391만 원을 기록했다. 약 1.5배의 가격 차

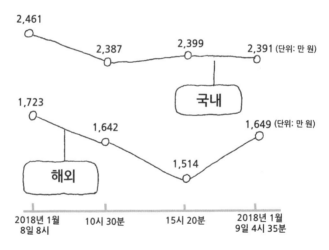

국내: 국내 거래소 '빗썸' 거래 가격
해외: 미국 암호화폐 정보업체 '코인마켓캡' 가격
시간별 원/달러 환율로 계산, 국제표준시 기준

국내외 비트코인 가격 차이(자료: 「매일경제」, 2018년 1월 9일)

이를 보인 것이다. 화폐적 관점에서 보면 투기꾼들이 가장 좋아할 수 있는 모든 요건들을 고르게 구비하고 있는 셈이다. 안타깝지만 기존 시스템의 접근도 어렵고 경제활동에 참여할 수 있는 기회마저 제한적인 현실에서 주어진 기회는 투기꾼들이 활개를 치는, 보호될 수 없는 거친 시장뿐이다. 규제 영역으로 지정하는 순간부터 모니터링 대상으로 간주되고 각종 규제 대상으로 전환되면서 보호 서비스도 제공되는 구도이기 때문에 포용적 규제는 현실화되기 어려운 것도 사실이다. 투자자들이 퇴직금을 날리는 경우까지 생기면서 뒤늦게서야 마땅히 있어야 할 규제가 강화되었지만, 여전히 암호화폐는 그 진정한 의미가 제대로 거론되지도 못하는 상태로 가격 등락만 모니터링이 되고 있다. 그러므로 보다 많은 정보가 생산되어 정보의 비대칭성 문제를 극복해야 하고 참여자들도 다변화되어야 한다. 지금같이 법적 자율규제 대상으로 공공 부문의 참여 자체가 원천적으로 차단되고 있는 현실은 보다 신중하게 조율되어야 한다.

암호화폐를 둘러싼 제반 환경이 나아진다고 해도 암호화폐의 본질인 탈중앙화가 계속해서 분산된 형태로 남을 수 있을까? 당연히 다시 중앙화되는 추세를 따를 것이다. 부와 재원과 재능이 모이기 때문이다. 사회적 견제와 모니터링은 불가피하다. 이러한 구조는 인류 역사에서 도도히 유지되어왔다. 시장 주변의 여건을 제대로 정비하지 못하고 사후 약방문식으로 대응책을 내놓을 수밖에 없는 현재의 지배구조와 시스템적 한계는 서서히 업그레이드해나가야 한다. 다만 그렇다고 진정한 의미와 가치를 추구하는 개인들마저 도매금으로 치부하는 것은 부당하다. 오히려 투기가 정당화될 수밖에 없는 여건에 대해

보다 깊이 고민해보는 것이 중요하다. 안타깝게도 우리는 수십 년 동안 '나쁜' 사람과 거래를 시장에서 격리시키고자 모든 노력을 경주해 왔다. 그래도 여전히 그런 측면은 존재하고 앞으로도 그럴 것이다. 이는 인간의 내밀한 본성에 관한 문제다. 투기나 투자를 구분하는 것이 과연 사전적으로 가능할까?

암호화폐 투자를 선도하는 20~30대 투자자들 가운데는 1,000개 이상의 암호화폐들을 하나하나 연구하며 투자 대상으로 삼는 경우가 많다. 이들은 가까운 미래에 암호화폐의 가치가 상승할 것이라 예상하고 있으며, 암호화폐가 국내에서 가장 큰 열풍을 몰고 온 것도 인터넷 강국이라는 국내 기반 덕분이라고 생각한다. 그러나 주식이나 부동산과 같은 기존의 투자 방식에 익숙한 50~60대 투자자들은 암호화폐 투자를 투기로 여기며 젊은 세대들에게 불안정성과 위험성을 강조한다. 그들은 암호화폐 시장을 일확천금을 꿈꾸는 철없는 투기 혹은 실체가 없는 것에 투자하는 도박쯤으로 여기는 것이다. 동시대를 살아가는 사람들 간의 이러한 극단적 이해의 간극은 암호화폐 자체의 혁신성, 기존 인식 체계의 경직성, 디지털 문화 접근성에 대한 판단에서 간극이 커져 있기 때문이다. 물론 이러한 간극은 디지털화가 진전되면서 레거시 체제의 적응이 여의치 않은 구조적 측면과 직결되지만 적어도 기존 체제에 의존하지 않고도 이루어질 수 있는 변화에 대한 시각 자체가 편협한 측면이 존재한다. 이미 비슷한 버블과 혼란을 수차례 경험한 투자자들로서는 이번에 전개되는 암호화폐 관련 혁신 역시 조만간 사그러들 또 다른 꽹과리 소리 정도로 여길 수 있기 때문이다.

상황이 이러하다면 암호화폐와 현실의 연결고리를 보다 정교하게 다듬을 필요가 있다. 첫째로 암호화폐의 본질적 기능에 대해 이해를 높이는 노력이 중요하다. 결국은 암호화폐 그 자체로서의 존재 가치보다는 암호화폐가 떠받치는 프로젝트의 가치가 강조되어야 하는데 이를 제대로 전달하여 공감대를 넓히는 데 기여할만한 서비스는 현재 존재하지 않는다. 일부 기존 인프라에서와 유사한 정도의 서비스가 제공되고 있지만 본질적으로 다른 차원의 가치를 기존의 유사 인프라만으로 전달하는 데는 한계가 있을 수밖에 없다.

둘째는 암호화폐 투자와 관련하여 투자자 보호 노력이 강조되어야 한다는 것이다. 물론 생소한 분야의 투자 위험까지 정부가 나서서 보호해야 할 의무는 없다. 그러나 미래에 관해 중요한 연결고리가 강화되어야 하는 상황에서 투자자들의 재원은 당연히 최대한 보호되어야 한다. 알려지지 않은 위험을 파악하고 투자자들이 사전에 충분히 숙지할 수 있도록 다양한 노력을 펼쳐야 한다. 미국의 경우 신용평가사인 와이스레이팅스Weiss Ratings가 암호화폐의 등급을 매겨 공개하기도 했다. 각 암호화폐의 기술, 실적, 거래 동향 등에 대한 정보를 수집해 A부터 D까지 등급을 나누는데, A는 매우 좋음excellent, B는 좋음good, C는 보통fair, D는 취약weak을 의미한다. 와이스 레이팅스에 따르면 비트코인은 C+, 이더리움은 B등급이다. 총 74개의 암호화폐에 대해 등급을 평가한 결과, A등급을 받은 암호화폐는 없었다.

또한 구매자 위험부담 원칙, 세이프 하버 규정, 규제 샌드박스는 모두 지금은 쉽게 헤아리기 어려운 변화에 대해 절충적인 자세를 견지함으로써 관련 생태계의 조성을 간접적으로 도모하려는 의지가 반

미국 신용평가사의 가상화폐 등급(자료: Weiss Ratings)

등급	암호화폐
B	이더리움(ETH), 이오스(EOS)
B−	네오(NEO), 스팀(STEEM), 카르다노(ADA)
C+	아크(ARK), 비트코인(BTC), 비트쉐어즈(BTS), 바이트볼 바이츠(GBYTE), 대시(DASH), 디크레드(DCR), 아이오 코인(IOC), 라이트코인(LTC), 뉴이코노미무브먼트(XEM)
C	애온(AEON), 아시(XAS), 블랙코인(BLK), 블록넷(BLOCK), 버스트(BURST), 바이트코인(BCN), 카운터파티(XCP), 도지코인(DOGE), 이더리움 클래식(ETC), 코모도(KMD), 리스크(LISK), 모네로(XMR), 나브 코인(NAV), 네블리오(NEBL), 넥서스(NXS), 엔엑스티(NXT), 피어코인(PPC), 피벡스(PIVX), 퀀텀(QTUM), 레이블록(XRB), 리플(XRP), 쉬프트(SHIFT), 스마트캐시(SMART), 스텔라(XLM), 스트라티스(STRAT), 시스코인(SYS), 버지(XVG), 버토코인(VTC), 웨이브(WAVES), 엑스트라바이츠(XBY), 지캐시(ZEC), 지코인(XZC)
C−	비트코인캐시(BCH), 클록코인(CLOAK), 디지바이트(DGB), 디지털노트(XDN), 일렉트로이늄(ETN), 페더코인(FTC), 네임코인(NMC), 레드코인(RDD), 스카이코인(SKY), 유빅(UBQ), 비아코인(VIA), 화이트코인(XWC), 젠캐시(ZEN)
D+	오로라코인(AUR), 비트코인 골드(BTG), 아인슈타이늄(EMC2), 게임크레딧(GAME), 굴든(NLG), 메가코인(MEC), 메타버스 ETP(ETP), 푸라(PURA)
D	익스펜스(EXP), 매치풀(GUP), 노바코인(NVC), 팟코인(POT), 쿼크(QRK), 라이즈(RISE), 살루스(SLS)

영된 것이다. 규제 차원의 인프라는 암호화폐가 연결된 가치창출 기반의 형성에 절대적으로 필요한 만큼 이를 위한 사회적인 공감대 형성 과정에 도움을 주기 위한 노력으로 간주하는 것이 바람직하다. 새로운 인프라 확충 과정에서 과도한 혼란 요인이 관리되지 못할 경우 폐쇄와 같은 강력한 조치도 정당화될 수 있다. 시장 신뢰가 회복되기 어려운 만큼 암호화폐 생태계의 파괴를 방관하는 것과 미래 생태계의 조성을 위해 어느 정도의 자율적 신뢰토대 구축 노력을 허용하는 것은 분명히 구분되어야 한다. 그러나 지금의 상황은 외부적 요인만큼 내부적으로 주변 상황의 변화를 인식하고 대응하는 차원에서 제대로

준비하지 못했던 점을 모두가 인정해야 한다. 미래에 대한 제대로 된 준비 없이 진정한 시스템적인 개선을 기대하기란 어려운 일이기 때문이다.

튤립버블의 재판일 뿐이다

Vs

닷컴버블 이후 IT 공룡들을 보라

버블과 광풍이 불어닥치면 튤립버블의 예시를 드는 경우가 흔하다. 튤립버블은 17세기 네덜란드에서 발생한 투기 과열을 말하는데, 최초의 버블경제 현상으로 알려져 있다. 당시 네덜란드에서 새로 수입된 튤립의 가격이 너무 높게 책정되었다가 갑자기 가격이 급락하게 된 일이 발생했다. 튤립은 모근을 육성하면 바로 꽃이 피기 때문에 인기가 많았지만 단기간에 많이 생산하기 어려웠고 그것이 품귀 현상으로 이어져 가격 인상의 요인이 되었다. 한창 인기가 폭발할 때는 튤립을 사재기하는 현상까지 벌어졌으며, 미리 매매하는 선물거래까지 등장했다. 당시 튤립은 숙련된 노동자의 연소득보다 열 배는 많은 값(1억 6,000만 원)으로 팔리기도 했다. 그러나 한순간 구매자가 없어지면서 가격이 하락했고 상인들은 빈털터리가 되었다. 튤립에 투자했던 사람들은 어음부도를 맞거나 채무를 지게 되었다. 이후 네덜란드인들은 얼마 동안 튤립을 싫어하게 되었고, 이 이야기는 그들 사이에서 교훈으로 구전되었다.

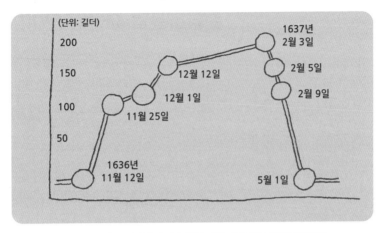

(단위: 길더)

200

150

1637년
2월 3일

2월 5일

2월 9일

12월 12일

12월 1일

100

50

11월 25일

1636년
11월 12일

5월 1일

1636~1637년 튤립버블 당시의 튤립 가격 지표(자료: 유진투자증권)

    당시의 튤립버블을 최근의 암호화폐 관련 현상과 관련지을 수 있을까? 가치를 거의 인식하지도 못했던 비트코인을 포함한 암호화폐의 가치가 단기간에 급등하는 것 자체만 보면 분명 버블현상으로 간주할 수 있다. 그러나 암호화폐에는 기존의 버블과는 질적으로 다른 배경이 있다. 튤립은 꽃에 불과하고 달리 용처가 없는 반면에 비트코인과 같은 암호화폐의 용처는 앞으로의 개발 정도에 따라 상당히 달라진다. 암호화폐는 앞으로 이를 기반으로 추진될 다양한 프로젝트들이 얼마나 큰 폭의 신뢰를 얻을 수 있는지에 따라 그 가치나 생명이 정해질 것이다. 그만큼 다양한 실험 주체들이 자체적 수단을 이용하여 가치를 만들어낸다는 점에서 그전의 어떠한 실험과도 차별화된다. 흔히들 법정화폐를 기반으로 펀딩하고 추진하는 프로젝트의 가치에 비해 자체 코인으로 펀딩(ICO)하고 추진하는 프로젝트의 가치가 더욱 폭발적일 것이라고 하는데, 타당한 분석이다. 왜냐하면 프로젝트의 진행이 순조롭게 이행되어 신뢰가 향상되는 과정에서 코인의 가치가 급등할 수 있기 때문이다. 그러나 프로젝트의 수행 과정에서 신뢰를 상실하거나 관리 실패를 경험할 경우 암호화폐와 관련된 모든 가치는 제로로 수렴한다. 그만큼 암호화폐는 초기 신뢰가 없는 주체들의 프로젝트 론칭에 도움되지만 성공 여부에 따라 가치 변동성은 매우 크다는 뜻이다.

암호화폐 광풍은 튤립버블보다는 닷컴버블과 비교해 생각해볼 필요가 있다. 닷컴버블은 2000년대 초반 인터넷 분야의 성장과 인터넷이 가진 무한한 가능성에 대한 기대심리로 IT 관련 벤처기업이나 IT기업들의 주가가 폭등한 현상을 말한다. 그러나 당시 인터넷 속도는 느렸고 그 가격도 비쌌다. 주가가 폭락하기 시작했고 수많은 벤처기업들이 파산했다. 많은 IT기업들이 과도기적 인터넷 기술에 새로운 서비스들을 융합하려다보니 결과적으로 실패를 경험한 것이라고 볼 수 있다. 그러나 닷컴버블의 처참한 결과 후에 새로운 인터넷 세상이 열렸고, 우리는 당시 투자되었던 초고속 인터넷망을 아직도 쓰고 있다. 또한 현재 세계 최대 기업이 된 구글, 아마존과 같은 기업이 탄생하게 되었다. 한국에서도 네이버와 카카오 같은 IT기업이 만들어졌다. 암호화폐에 대한 투기 광풍도 아직 예측할 수는 없지만, 버블로 기록되며 무너질 수 있을 것이다. 그렇다 하더라도 구글이나 아마존이 닷컴버블에서 살아남아 세계를 선도하고 있듯이 암호화폐 시장에서도 살아남는 화폐들이 분명 있을 것이고 이들이 미래에 새로운 시장을 형성할 것이다.

암호화폐가 과거의 버블 논쟁과 가장 크게 다른 점은 초연결 환

블록체인과 암호화폐의 잠재성(자료: 「Medium」)

경이라는 환경적 변화가 저변에 깔려 있다는 점과 연결이 가져다주는 다양한 가치창출의 잠재력을 누구도 부정하기 어렵다는 점이다. 즉, 과거의 버블 상황과 달리 저변이나 배경으로서 초연결 환경이 자리잡고 있으며, 이러한 변화가 나중에 어떠한 가치창출로 연결될 수 있을지 아무도 속단할 수 없는 상황이다. 실적을 중시하는 입장에서 가치 제로의 허구일 뿐이라고 볼 수도 있지만 가능성의 관점에서 무한한 가치창출의 혁신 도구이기도 하기 때문이다. 극단적인 평가의 핵심에는 변화의 주체가 기존의 참여자들 위주인지, 아니면 전혀 생각하지도 못했던 연결을 통해 그동안 간과되었던 요소들마저 가치 창출의 주역으로서 역할이 가능한지에 달려 있다. 즉, 암호화폐의 가능성은 누가 미래 변화의 주역으로 나설 수 있는지의 문제와 직결되어 있다.

디지털 네트워크의 가치 창출 능력에 대한 기대가 나중에 현실로 뒷받침될지, 아니면 각종 규제의 틀에서 벗어나지 못하면서 혁신의 불씨가 사그라들지는 가늠하기 어렵다. 그러나 확실한 것은 변화의 조짐이 더 이상 부정할 수 없을 정도로 모든 분야에서 나타나고 있다는 점이다.

요사이 온갖 경제 주체들이 다양한 코인 개발에 나서는 모습을 보면 코인이 토큰으로서의 기능을 수행하고 있는지, 아니면 자체적인 네트워크 기반의 사업에 연동된 지속적인 사업인지조차 판별되지 않았음을 알 수 있다. 가치를 나타내는 수단으로서 보안 토큰Security Token, STO과 유틸리티 토큰Utility Token, UTO의 구분도 중요하다. 이는 기존 자본시장법이나 미국 증권거래위원회Securities and Exchange Commission, SEC의 제반 법규에 기초한 투자 여부에 따라 소비자 보호 관련 차별화가 불가피하기 때문이다. 증권 차원의 속성이 우세하다면 증권 관련 법률의 적용 대상으로 간주될 수 있고 투자자 보호 대상으로 취급된다. 이는 여러 가지 이점과 동시에 부담 요인으로 작용하게 된다. 관련된 법적 기준이나 구분 원칙에 따라 연관된 규제 부담이 달라지기 때문에 투자 대상을 판단하는 기준으로서는 매우 중요한 문제다. 이와 같이 암호화폐는 다양한 속성으로 인해 기존의 법적 구분의 틀 안에서 쉽게 분류되기 어려운 측면이 존재한다. 그래서 판단에 시간이 필요한 것이고, 보다 많은 논의와 수렴 과정을 거쳐 그 성격이 구체적으로 파악되면 상응하는 조치들이 취해질 것으로 보인다. 결국 암호화폐나 암호화폐 표시 자산은 아직 법적 영역의 초입 단계에 머물러 있다.

초기 단계에서 코인의 수가 많아질수록, 그리고 소멸되는 비율이 늘어날수록 암호화폐가 만들어가는 세상의 모습은 제한적이고 초라해 보일 수 있다. 결국 문제는 얼마나 다수의 신뢰를 쌓아갈 수 있는지에 달려 있다. 법적으로 부여받은 신뢰토대를 스스로 관리하지 못해 초래된 과거의 금융위기를 돌아보며 일반 대중이 과연 어려운 노력을 통해 신뢰토대를 쌓아갈 수 있을지 심각한 의문을 제기하는 것은 당연하다. 암호화폐, 코인, 토큰에 대해 단순히 기술과 유인 체계뿐 아니라 지배구조나 윤리적 측면까지 포괄적으로 판단해야만 하는 이유다.

불법 수단으로 악용될 수 있다

Vs

법정화폐처럼 적절히 규제하면 된다

암호화폐의 거래와 관련해 가장 많이 제기되는 문제는 자금세탁과 테러자금 조달의 위험에 관한 것이다. 국제자금세탁방지기구Financial Action Task Force on Money Laundering, FATF가 2013년에 발간한 「위험 기반 접근을 위한 지침서Guidance for a Risk-Based Approach」에서도 비대면 비즈니스 방식의 송금은 자금세탁과 테러자금 조달의 위험을 내포하고 있으며, 특히 고객의 신원 확인이나 승인이 충분히 이루어지지 않는다면 거래 추적이 어려울 수 있으므로 사기를 당하거나 자금세탁의 위험이 높아진다고 했다. 그러나 아이러니하게도 불법자금의 통로나 수단은 법정화폐인 달러 위주로 이루어지고 있다. 지하경제도 현금으로 돌아가는 세상이다. 종이로 만들어진 법정화폐야말로 가장 편리한 익명성을 제공한다. 물론 암호화폐 역시 또 다른 불법자금의 경로나 수단으로 악용될 소지가 있다. 규제의 틀 밖에 있다는 점과 중앙은행이 발권하는 법정화폐가 아니라는 점, 그리고 잘못되었을 경우에 누구도 책임을 질 수 없다는 점 때문이다. 자주 인용되는 실크로드Silk

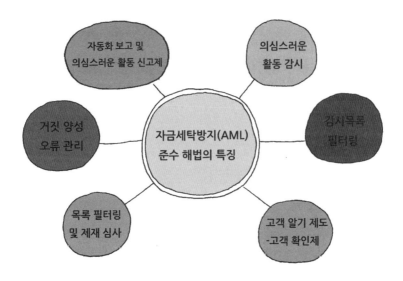

자금세탁방지(AML) 준수 해법의 특징

- 자동화 보고 및 의심스러운 활동 신고제
- 의심스러운 활동 감시
- 감시목록 필터링
- 거짓 양성 오류 관리
- 목록 필터링 및 제재 심사
- 고객 알기 제도 -고객 확인제

Road나 마운트곡스Mt. Gox 사건[16]들이 대표적인 사례다. 그러나 이러한 사건은 암호화폐 자체의 문제라기보다는 암호화폐를 통해 돈을 벌고 자 했던 소수가 법정화폐와의 교환소에서 일으킨 문제이거나, 이를 불법자금 이동의 통로로 활용한 데에서 불거진 것이다. 교환소나 지갑의 문제에 보다 정교한 모니터링과 규제의 틀이 적용되었더라면 초기의 이러한 잘못된 인식은 상당 부분 바로잡을 여지가 있었다.

국제자금세탁방지기구는 여러 사건이 터진 후에야 권고 기준과 지침서를 통해 자금세탁 위험에 대한 당국의 적절한 대응과 민간의

---

[16] 실크로드는 마약, 무기, 약물 등 금지 물품을 거래하던 암시장 사이트로, 비트코인으로만 거래가 가능했고 대규모 자금세탁도 이루어졌다. 마운트곡스는 2010년에 출범한 일본의 암호화폐 거래소로 2014년 파산 전까지 세계 최대 암호화폐 거래소였으나 약 85만 비트코인(당시 가격으로 약 5,000억 원대 규모)을 해킹당해 파산 신청을 했다.

의무를 명시했다. 이 지침서에 따르면 관련 당국은 암호화폐 거래의 자금세탁 위험을 평가해야 하고, 금융회사 등은 위험 기반 접근법에 입각하여 암호화폐 상품과 서비스에 대해 고객 확인과 자금세탁 관련 조치를 취하도록 제도적 기반을 마련해야 한다. 금융회사와 암호화폐 서비스업자는 계좌를 개설할 때나 일정 금액 이상을 거래할 때 고객 확인을 해야 하며, 고위험 고객에 대해서는 고객 확인을 강화하고 의심 거래 보고서와 거래 내역을 보관해야 한다.

실제로 암호화폐의 발전에도 불구하고 암호화폐 거래 시 정확한 실명 확인 절차를 거치지 않아 자금세탁 행위에 이용되는 사례들이 해외에서 다수 발생하고 있다. 미국 법무부는 2013년 코스타리카를 기반으로 설립된 송금업체인 리버티리저브가 LR이라는 가상화폐를 사용해오며 60억 달러 규모의 불법자금을 송금하고 자금세탁을 했다는 혐의로 기소하였는데, 조사 결과 이 회사는 고객들에게 가명과 실재하지 않는 주소로 계좌를 개설하게 하고 자금세탁 방지 체계가 허술한 국가에 소재한 교환소를 통해 입출금하도록 했다는 사실이 드러났다. 또 2013년 9월에는 불법 마약, 무기, 개인정보 등 각종 불법적인 상품을 거래하는 사이트인 실크로드가 당시 시세로 3,360만 달러에 해당하는 17만 3,991BTC를 압류당했는데, 조사 결과 이들은 실크로드 사이트를 통해 수백만 비트코인을 세탁하고 그 대가로 8,000만 달러의 수수료를 챙긴 것으로 드러났다. 다국적 사이버범죄 집단인 웨스턴익스프레스 사이버범죄 그룹Western Express Cybercrime Group은 10만 개의 유출된 신용카드 개인정보를 이골드나 웹머니와 같은 가상화폐를 사용하여 판매함으로써 500만 달러의 불법 수익을 얻었으며 3,500

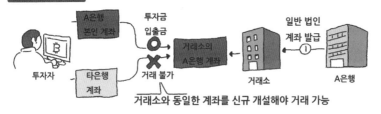

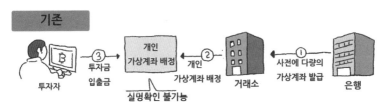

암호화폐 거래 실명제(자료: 「연합뉴스」, 2018.1.23.)
기존에는 거래소에서 제공한 가상계좌를 통해 투자금 입출금이 가능했으나, 암호화폐 거래 실명제하에서는 가상계좌 활용이 금지되며, 본인 확인된 거래자의 계좌와 거래소의 동일 은행 계좌 간 입출금만 허용된다.

만 달러에 달하는 자금을 세탁한 것으로 밝혀지기도 했다.

현재 주요국들은 암호화폐가 송금과 환전 과정에서 자금세탁 위험에 노출되어 있다는 점을 감안하여 대부분 자금세탁 방지 의무를 부과하고 있다. 싱가포르와 영국은 현재 암호화폐 서비스업자에게 자금세탁 방지 의무를 부과하고 있지는 않으나 향후 도입할 예정이며, 위험도에 따라 방지 의무의 정도를 결정할 계획이다. 미국, 캐나다, 프랑스는 암호화폐를 취급하는 개인과 법인을 송금업자로 간주하여 등록을 의무화하고 고객 확인과 기록 보관, 의심거래 보고 의무 등을 부과하고 있다. 유럽연합 집행위원회European Commission, EC는 암호화폐가 익명성 때문에 테러자금 조달에 사용될 여지가 있으며 부족한 규제와 복잡한 기술적 요인으로 인한 위험 요소가 있다는 입장이며, 암호화폐 사용과 관련하여 자금세탁방지법을 강화하기 위한 새로운 지침서 초안을 발표했다. 지침에 따라 유럽의 비트코인 및 암호화폐 회사는 고객 확인 의무를 수행해야 하며, 플랫폼상의 거래를 감시하다가 이상 거래가 생기면 보고해야 한다. 자금세탁방지법은 암호화폐 서비스 및 거래소, 암호화폐 지갑 및 계좌업체에도 적용될 예정이다. 호주는 2016년 10월 자금세탁 및 테러자금조달방지Anti-Money Laundering/ Combating the Financing of Terrorism, AML/CTF 시행계획안을 발표하여 암호화폐의 지급결제는 AML/CTF 제도의 규제를 이행하도록 했다. 이 시행계획안에는 AML/CTF를 간소화하여 기업들이 법규에 대한 이해력을 높이고 의무를 따르도록 하는 방안 등도 포함되어 있다. 일본의 경우, 개정 자금결제법 3장 3절에서 자금 이동을 관리, 감독하는 데 필요한 상부서류 보전 의무, 보고서 제출 의무, 현장 검사, 업무 개선 명령, 업무정지 명령 등에 관해 규정하고 있다. 또한 자금세탁을 방지하기 위해 계좌를 개설할 때 본인 확인을 엄격하게 실시하고 수취인의 사전 등록, 송금 목적이나 송금액에 따른 일정한 이용 제한을 두도록 했다. 이렇듯 암호화폐의 자금세탁, 테러자금 지원 및 탈세 등의 수단으로 활용될 수 있는 가능성 때문에 암호화폐에 대한 부정적인 시각을 갖고 있는 국가들이 다수 있다. 중국의 경우 이를 방지하기 위해 금융기관들의 비트코인 거래를 원천적으로 금지하는 조치를 단행하기도 했다.

이처럼 자금세탁 문제는 초기 가상화폐 발달에 가장 핵심적 이슈였으나 그 심각성은 기존 체제 내에서도 가상세계에 비해 결코 가볍지 않다. 다시 강조하지만 자금세탁과 탈세를 방지하기 위한 조치의 핵심은 철저한 사전 인증 과정을 거치도록 하는 것이다.

암호화폐의 불법적 용도와 관련된 시각들은 암호화폐가 가져다줄 수 있는 다양한 가능성을 과소평가하게 만든다. 또한 기존의 법적 틀 안에서 암호화폐를 분석하면 국경 문제나 신원 확인, 과세 의무 부과 등 다양한 법과 규제적 틀을 벗어나는 측면들이 드러난다. 그러나 암호화폐는 애초부터 국가적 간섭에서 벗어나고자 하는 의도가 반영된 수단으로 탄생되었다. 이를 불법적 시각에서만 바라보는 것은 국가적 틀 안에 있어야만 합법적이라는 미래 구속적인 판단이 반영된 것이다. 국가도 결국 개인의 행복 추구를 공동체적 이익의 테두리 안에서 보장해주어야 한다는 측면에서는 앞으로 지속적인 논의가 있어야 한다. 남미의 많은 국가들에서는 국가가 개인의 부와 선택의 권리를 지켜주지 못하고 억압하는 주체로 나서는 것이 현실이기에 이 경우의 회피 수단을 불법으로 쉽게 간주하기는 어렵다. 어쨌든 기존의 합법적 절차 안에서 민간들이 지불해야 하는 비용과 불편함이 상당한 수준이라는 점을 인정한다면, 그 대안이 제공하는 잠재적 불법적 요소에 대해 무조건 구속하고 제약하는 방식으로 대응하는 것은 최선이 아닐 수 있다. 소위 그림자경제나 그림자금융이 커지는 이유는 서민들에게 강조하는 준법정신과 의무사항이 기득권들에게는 그저 선택적인 사안이라는 점이 견지되어왔기 때문이다. 암호화폐가 단순히 규제 차익의 기회로 치부되는 것은 본질적 가치나 가능성을 일찌감치 인정하기 어렵다는 기존 법적 판단과 태도의 결과다. 오히려 대안의 출현은 기존의 문제와 불편함을 극복할 수 있는 주요한 자극제이자 균형추임을 감안하여 보다 수용적인 자세에서 확대된 생태계를 키워나가는 자세가 필요하다.

자금세탁의 가장 중요한 수단이 미국 달러임을 감안할 때 자금세탁과 자기 신원 증명에 대한 요구는 암호화폐와 암호화폐 거래소에 국한된 문제가 아님을 인정해야 한다. 다만 암호화폐의 특성상 이러한 기능이 악용될 소지가 명백한 만큼 이를 방지하기 위한 사전 노력이 중요하다는 점은 아무리 강조해도 지나치지 않다. 적어도 이 두 가지 절차는 모든 금융 거래에 의무 사항으로 부과해도 큰 문제는 없다. 다만 한 번 인증된 경우 다른 용도에서 다시 인증받는 번거로움을 해결하기 위해 오스Open Authorization, OAuth[17]에 대한 통일된 가이드라인이 채택될 필요가 있으며, 블록체인 기반으로 어디서나 활용 가능한 수단에 대해 범세계적 협조가 선행되어야 한다.

---

[17] 인터넷 애플리케이션에서 사용자 인증에 사용되는 공개 APIOpenAPI로 구현된 표준 인증 방법. 트위터Twitter, 페이스북Facebook과 같은 SNS 서비스를 다른 애플리케이션 또는 다른 기기(PC, 스마트폰 등)에서 사용자 정보에 접근할 때 사용할 수 있도록 한다.

블록체인만 남고 암호화폐는 망할 것이다

Vs

암호화폐 없는 블록체인은
구조화된 데이터베이스일 뿐이다

우리나라에서는 2017년 말부터 블록체인 기술과 암호화폐를 별도의 이슈로 취급하려는 움직임이 있었다. 그 배경은 의외로 간단하다. 암호화폐의 수요가 과도하게 부각되었지만 이를 규제할 준비가 덜 된 상태에서 미래 성장 동력의 모태 역할이 기대되는 블록체인에 대해 취해진 절충적 태도다.

그렇다면 암호화폐 없이 블록체인을 취하는 것이 가능할까? 이론적으로 가능하다고 생각할 수는 있다. 다만 블록체인 기반 위에서 일어나는 모든 행위는 아무런 보상없이 이루어지는 것이 아니며 수고의 대가 차원에서의 인센티브가 필요하다는 점이 중요하다. 블록체인을 유지하는 수많은 연결 노드들의 노력과 에너지 없이 어떻게 시스템적 기반이 유지될 수 있을지 생각해보면 암호화폐 없는 블록체인은 그저 구조화된 데이터베이스일 뿐이다. 그동안 소수가 효율적으로 유지해왔던 중앙화된 데이터베이스를 굳이 블록체인이라고 명명하면서 4차산업의 결과물로 내세우는 일은 지양되어야 한다. 어떠한 경우에도 인센티브 없는 경제행위를 기대하는 것은 의미가 없다. 특히 퍼블릭에서는 당연히 불가능하며, 프라이빗에서도 엄밀한 분리는 의미가 없다.

이 문제를 근원적으로 이해하기 위해서는 사토시 나카모토가 처음 비트코인을 개발한 이유를 잘 생각해보아야 할 것이다. 사토시는 탈중앙화된 네트워크가 안정적으로 유지될 수 있는 자율 조절 장치로서 비트코인을 설계했다. 즉, 신뢰받는 제3자가 없어도 노드가 공정하게, 선의에 의해 작동되고 유지될 수 있도록 하기 위해서 작업증명의 인센티브를 제공하는 것이 비트코인 채굴의 개념이다. 요사이 수많은 신뢰알고리즘이 개발되고 적용되고 있지만 효율성과 형평성을 동시에 만족시키는 3세대 블록체인은 아직 제대로 출시되지 않았다. 다수의 공감대 위에서 인정받으려면 아마도 상당한 기간이 필요할 수 있다. 아직도 해결하지 못한 상충관계인 신속한 처리속도와 효율성의 저하는 설계 차원에서 불가피한 원칙상의 디자인으로 볼 수 있다. 따라서 블록체인과 비트코인(암호화폐)은 떼려야 뗄 수 없는 관계라 할 수 있다.

블록체인만 취하고 그 인센티브를 암호화폐가 아닌 달러나 법정화폐로 지급하는 것이 가능할지 타진해볼 수도 있을 것이다. 그러나 이는 중앙통제하의 화폐를 분산 시스템의 연료로 사용하겠다는 뜻이며, 법정 영역의 영향력을 끌어들이는 것과 다를 바 없다. 블록체인이 완전히 중앙관리자 없이 자체적으로 돌아가는 시스템으로 고안된 이상 이를 작동하게 하는 인센티브도 자체적으로 돌아가는 것이 바람직하다. 경쟁 요소가 도입되려면 구체적인 인센티브가 시스템 자체적으로 제공되어야 한다. 블록체인 시스템은 이를 얻으려고 경쟁하는 과정을 통해 참여가 이루어지고 이러한 참여를 통해 유지되는 구조다. 비금융 분야에서 블록체인을 활용할 때도 100여 개가 넘는 법정화폐를 직접 연결하는 것보다는 자체적으로 화폐의 기능을 하는 암호화폐로 처리하는 것이 훨씬 자연스럽고 불간섭주의 원칙에도 부합한다.

암호화폐를 군이 분리해서 죄악시하는 주된 이유로 법정화폐와의 마찰을 들 수 있다. 기존 신뢰 기반이 깊숙히 자리잡고 있는 상황에서 P2P 세상이 펼쳐지는 것이 마냥 환영받을 일이라고 기대하는건 무리다. 그러나 자신들이 희생해야 할 이유가 생각보다 크지 않고 오히려 퍼블릭 블록체인에 의해 파이가 더 커질 수 있음을 확인하는 단계에 이르면 발전적인 절충이 시작될 것이다. 보다 공정하고 누가 누구를 속박하지 않는 개방형 매트릭스 사회가 본격적으로 준비되는 것이다. 나눔과 공유, 그리고 협업을 통해 이루어내는 가치는 특정인이 많이 소유하고 있을 경우 가치 유지가 어려워진다. 이 가치는 오로지 연결을 통해 커나가는 구조라 할 수 있다. 따라서 연결을 촉진하는 화폐의 기능을 무엇인가가 하지 않으면 이러한 가치 창출은 기대하기 어려울 것이며, 암호화폐의 존재 이유도 약화될 것이다.

중앙화된 거래소가 위험하다

Vs

탈중앙화 거래소로 가야 한다

암호화폐 거래소는 현실세계와 가상세계의 접점이자 인터페이스다. 국가적 관리 영역에서 국가적 관리가 무의미한 가상세계로 진입하려면 당연히 국경 관리 초소와 같은 거래소의 검증을 거쳐야 한다. 여권 없는 여행이 불가능하듯이 신원 확인 없이 가상세계로 진입하는 것은 처음부터 가상세계에 참여한 경우를 제외하면 당장 허용하기 어렵다. 이쪽 세상의 법칙이 저쪽 세상의 법칙과 다른 상황에서 형평성의 문제나 국가라는 기구의 근본적인 정당성에 관한 문제와 직결되기 때문이다. 물론 가상세계에서만 활동하는 것은 불편하다. 현실세계의 다양성과 선택의 기회는 수백 년에 걸친 노력의 결과이기 때문이다. 그렇다고 가상세계를 부정하기도 어렵다. 이미 네트워크 환경은 국가적 통제만으로 관리하기 어려운 부분이 존재한다.

현재 암호화폐를 가질 수 있는 방법은 두 가지인데, 채굴이나 법정화폐를 통한 교환이다. 채굴이 어렵다면 거래소를 통해 쉽게 암호화폐를 접할 수 있는데 바로 이러한 과정에서 뜻하지 않은 위험에 노출될 수 있다. 덕분에 암호화폐 거래소는 한동안 세상을 떠들썩하게 만들었다. 한때 홍역을 치렀지만 이후 시장 분위기가 진정되면서 점차 본질에 접근하려는 시각들이 나타나는 건 다행스러운 일이다.

전 세계 암호화폐 거래소 대부분은 명확한 규제 없이 운영되고 있다. 해킹과 사기 등의 사건도 심심치 않게 발생하고 있다. 그래서 일각에서는 암호화폐 거래소에 대한 각종 의혹과 다양한 우려를 표명하고 있다. 가장 큰 논란은 시세 조작에 관한 것이다. 암호화폐 거래가 급증해 블록체인의 처리 속도가 거래량을 감당하기 어려운 수준까지 이르면서 거래소 서버가 자주 다운되었는데, 그동안 내부 거래를 비롯한 시세 조작이 이루어졌을 것이라는 의혹이다. 서버에 문제가 생기면 매수와 매도가 되지 않고 거래가 지연되는 문제가 있다. 또 거래소 이용자들은 국내 거래소가 암호화폐를 실제로 보유하고 있는지에 대해서도 의문을 제기하고 있다. 암호화폐를 보유하지 않고 장부상으로만 거래가 이루어지고 있는 것 아닌가 하는 의혹이다. 실제로 2018년 5월 국내 암호화폐 거래소 업비트는 거래를 시작할 때 암호화폐를 보유하고 있지 않으면서 전산상으로 보유하고 있는 것처럼 꾸며서 투자자들을 속인 혐의로 검찰의 조사를 받았다. 이 외에도 거래소의 입출금이 원활하지 않아 장시간 기다려야 해서 이용자들의 불만을 사는 경우도 있고, 거래소 법인 계좌의 고객 자금을 대표 등 다른 사람의 계좌로 이체해 자금을 빼돌린 혐의를 받는 거래소들도 있다. 이런 논란에도 암호화폐 거래소는 여전히 수수료를 통해 막대한 수익을 올리고 있다. 한창 암호화폐에 대한 관심이 폭발했던 2017년에는 하루 30억 원가량의 수익을 냈던 것으로 알려졌다.

또한 현재의 암호화폐 거래소들은 보안에서도 문제를 안고 있다. 2017년 과학기술정보통신부와 방송통신위원회가 국내 거래소 열 곳의 보안 실태를 점검한 결과, 단 한 곳도 보안 기준을 충족하지 못했다. 사이버 공격에도 취약함은 물론 전산 장애나 개인정보보호를 위한 최소한의 안전장치도 갖추지 못하고 있다. 정부는 암호화폐의 제도화 편입을 원치 않으며, 거래소에 대한 구체적 설립, 운영 기준을 만드는 것도 꺼리고 있다. 이렇게 정부가 규제 밖에 있는 거래소에 별다른 제재를 가하지 않고 우왕좌왕하는 사이에 계속해서 문제가 터지고 있는 것이다.

그러나 앞으로 암호화폐가 계속해서 존재하고 활용되기 위해서

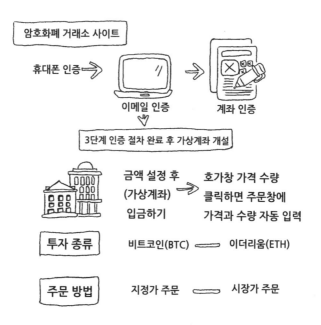

암호화폐 거래소 이용 과정(자료: 코인원)

는 사회적 신뢰와 공감대, 합의가 필요하므로 거래소는 눈앞의 이익만 좇을 것이 아니라, 장기적인 안목을 가지고 현 상황에 대처해야 한다. 암호화폐 거래소는 막대한 이익을 창출하고 있는 만큼 스스로 이용자가 믿고 이용할 수 있는 수준의 서비스와 개인정보를 최대한 보호할 수 있는 방안을 강구해야 한다. 거래의 투명성과 보안성은 모든 금융 거래의 기본이다. 결국에는 기본을 지키는 거래소가 이용자의 신뢰를 얻고 끝까지 살아남을 수 있을 것이다.

정리하면, 현재의 암호화폐 거래소는 두 가지의 주요 위험을 안고 있다. 첫째는 거래의 실행이 지연됨에 따라 발생할 수 있는 가격 변화와 교환 실패, 그리고 사기로 인한 거래상대방 위험이다. 실제로 암호화폐의 가격 변동 폭 문제는 어제오늘 일이 아니다. 가장 심각한 지연 문제는 법정화폐의 거래소 이체 시 발생하는데, 달러를 예금할 때 상당한 시간이 소요되며 그 사이 가격이 변동될 수 있다. 이러한 요인은 암호화폐의 가치 저장 수단으로서의 역할에도 제약을 가하게 된다.

두 번째 위험은 거래소 관련 위험이다. 2014년 마운트곡스 거래소가 4억 7,000만 달러에 해당하는 비트코인을 도난당해 폐쇄되었고, 국내에서는 거래소 빗썸이 350억 원 규모를 해킹당한 사례가 있다. 소비자 보호 차원의 보안 문제와 거래소 파산의 가능성이야말로 암호화폐의 미래를 가늠하는 가장 심각한 위험 요인인 것이다. 이러한 문제를 해결하면서 신기술의 효용을 극대화하기 위해서는 소비자 효용 증대, 소비자 권익 보호 및 금융 안정 면에서 새로운 기술이 안착하는 모습을 시장에 보여주어야 한다. 그러나 아직은 이러한 큰 원칙조차

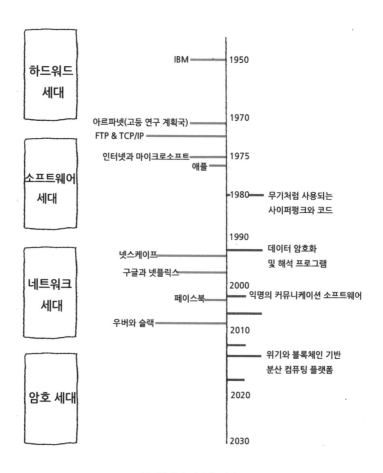

하드워드
세대

소프트웨어
세대

네트워크
세대

암호 세대

IBM ━━━━━ 1950

아르파넷(고등 연구 계획국) ━━━━ 1970
FTP & TCP/IP ━━━━━

인터넷과 마이크로소프트 ━━━ 1975
애플 ━━━

━1980━━ 무기처럼 사용되는
사이퍼펑크와 코드

1990

넷스케이프 ━━━ 데이터 암호화
구글과 넷플릭스 ━━━ 및 해석 프로그램

2000
페이스북 ━━━ 익명의 커뮤니케이션 소프트웨어

우버와 슬랙 ━━━

2010

위기와 블록체인 기반
분산 컴퓨팅 플랫폼

2020

2030

탈중앙화의 간략한 역사

도 조율되지 않았다. 암호화폐 자체의 미비점도 있지만 이를 수용하기 어려운 기존의 법과 규제 체계의 문제도 존재한다.

요컨대 탈중앙화와 분산화의 추세를 수용할 수 있는 범사회적인 가치 공유의 틀에 대해 다방면에서 합의 구조가 정착되어야 한다. 지금까지 정부 중심의 시스템은 다수의 참여보다는 확장성과 효율성을 우선하는 일종의 사일로식, 즉 외부와의 소통이 없는 구조였다. 이처럼 탈중앙화나 분산화 노력에 대한 법적 규율의 근거가 취약한 상태에서 새로운 혁신을 받아들이려면 법적 토대부터 포용적으로 진화해야 한다. 또한 현재의 기술적 요인들이 안고 있는 확장성과 프라이버시에서의 한계라는 문제도 더욱 보완되고 검증되어야 한다. 따라서 혁신에 대한 사회구성원들의 자세에 따라 암호화폐의 미래가 정해질 수밖에 없다. 아직은 어떤 식으로 보더라도 암호화폐 자체의 유용성을 논하기에 미흡한 상황이다.

블록체인 1.0 기반 암호화폐는 탈중앙화의 움직임이 금융 부문에서 태동되었다는 것, 즉 은행이나 중간업자들 없이도 가치가 이전될 수 있음을 보여주었다는 점에서 큰 의미를 둘만하다. 커다란 호수 한가운데에 돌멩이 하나가 던져진 것이다. 블록체인 2.0에서는 현실과 가상세계의 연결고리인 거래소의 탈중앙화를 기대할 수 있다. 이러한 가능성에 많은 사람들이 주목하며 참여하고 싶어하지만 기존의 방식이 아니기도 하고, 기존 체제도 준비가 덜 된 것이 사실이다. 앞으로 거래소 관련 다양한 규제 방안들이 강구된다면 어느 정도 모습이 갖추어질 것이다. 엄밀히 말해서 거래소나 취급소 논쟁은 비트코인과 블록체인의 본질적 이슈라고 보기 어렵다. 제3자 중개인TTP 없이 화폐의 관리권을 소유자한테 돌려준다는 것은 여전히 중개인에게 모든 것을 맡기는 현재의 관행과 부합되지 않는다. 실제로 마운트곡스, 비트피넥스 등 중앙집권형 거래소들은 이미 심각한 해킹 사태를 경험한 바 있다. 집중만 해놓으면 털리는 구조의 어리석음을 어떻게 극복할 것인가? 해답은 바로 탈중앙화된 거래소decentralized exchange이다.

탈중앙화 거래소는 고객의 돈을 제3자가 아니라 돈의 주인이 직접 관리하는 구조다. 거래도 당사자들간에, 프록시 토큰이나 자산을 생성함으로써 이루어진다. 또는 탈중앙화된 다자 서명의 조건부날인 증서decentralized multisignature escrow system를 활용할 수도 있다.

탈중앙화 거래소의 가장 큰 특징은 자신의 돈을 스스로 관리하기 때문에 신뢰 측면에서 거래소에 의존할 필요가 없다는 점이다. 또한 자신의 민감한 정보를 다른 곳에 공개할 필요도 없다. 분산 시스템의 특징인 서버의 다운타임이 없다는 점도 좋은 특징이다. 비교적 가능성이 높은 거래소로 비트스퀘어Bitsquare, 비트셰어스Bitshares, 오픈렛저OpenLedger, NXT, 카운터파티Couterparty, DEX를 들 수 있다. 그러나 모든 거래가 제대로 이루어졌는지를 확인하는 증명verification 의무가 있거나 연결된 노드들이 네트워크상에 연결될 수 있는 온라인 상태에 있어야 한다는 등의 제약이 따른다. 이와 더불어 마진 거래나 손절매 같은 서비스는 아직 제공되지 않는다는 문제도 있다. 어떤 방법을 사용하든 이들 탈중앙화 거래소들은 고객들이 자신의 재산을 스스로 관리할 수 있게 해준다는 점에서 큰 의미가 있다. 시간이 흐름에 따라 기존의 중앙화되고 통제된 시스템에서 각자가 주인으로서 선택할 수 있는 권한을 갖는 분산 시스템으로 옮겨가는 것은 분명한 추세다. 앞으로는 누가 어떻게 연결되든 모든 서비스는 사용한 만큼, 기여한 만큼 적절하게 보상될 수 있는 소액지불 시스템이 발전할 것이다. 이러한 보상 체계에 필요한 것은 합당한 인센티브이고 그건 바로 암호화폐의 영역이다. 그래서 탈중앙화 거래 방식이 확산될수록 탈중앙화 거래소의 역할은 더욱 중요해질 것이다.

앞으로 사용자는 자신의 돈을 예치하고 거래소는 플랫폼에서 자유롭게 거래될 수 있는 코인을 활용하게 될 것이다. 자금을 항상 고객들이 보유하게 되므로 제3자의 개입이 필요 없고 누구에게도 개인정보를 공개하지 않아도 된다. 따라서 블록체인 3.0에서는 레거시 체제가 본격적으로 와해되기 시작될 것이다. 중간 영역에서조차 더 이상 특정 주체가 중간업자의 역할을 수행하지 않게 된다는 말이다. 그리고 결국에는 기존 체제의 모든 분야에서 와해 과정이 본격화될 것이다. 그 핵심은 민간이 중심이 되는 패러다임의 구축이라고 볼 수 있다. 목표가 고객이나 투자자 중심이 된다는 점은 그동안의 모든 결정 과정과 방식 자체가 변화한다는 것을 뜻하며, 이는 시스템을 거꾸로 뒤집는 상태라고도 말할 수 있다. 거래소도 그동안 거래 체결을 대신해주는 주체로서 상당한 기여를 했지만 이는 P2P 기반을 제대로 구현한 것이 아니라 중간적인 형태라는 것을 인정하지 않을 수 없다. 지금 흔히 볼 수 있는 거래소나 취급소들은 자체적인 서버를 두고 성급하게 준비한 시스템에서 탈피하여 데이터 보안 노력을 강화하면서 시장 신뢰를 얻어내야 새로운 생태계에 적응해나갈 수 있다.

어찌 보면 연결된 네트워크 위에서 구현되는 플랫폼은 초기에 중앙화된 모습을 갖추게 된다. 실제로 페이스북이나 구글과 같은 중앙화된 플랫폼은 이미 막강한 시장 지배력을 행사하고 있다. 그에 반해 탈중앙화된 플랫폼은 정보가 특정 서버나 허브와 같이 특정한 단일 포인트를 통과하지 않아도 되는 P2P 네트워크를 말한다. 대표적 기업으로는 비트토렌트BitTorrent, 라임와이어LimeWire 등이 있다. 중앙화된 플랫폼과 탈중앙화된 플랫폼은 각각 장단점이 있다. 비트토렌트는 저렴하지만 바이러스에 취약하고 공공성이 강해서 문제도 많다. 반면 구글은 편리하고 상대적으로 안전하지만 프라이버시에는 자신이 없다. 따라서 블록체인을 활용하여 우리 자신의 데이터 권리를 되찾아 오는 것이 프라이버시 보호 차원에서는 나은 선택이다. 이 지점에서 몇 가지 질문이 뒤따른다. 금융 분야에서 이러한 노력이 반드시 범죄자와 약물 거래자들의 유인인 것일까? 왜 우리는 우리의 저축을 은행에 맡기고 개인 정보를 맡기고 잘못된 대출로 인해 초래되는 시스템 위험에 대해 우리 자신의 미래 재원을 동원해야 하는 것일까? 대안을 죄악시하는 근거는 무엇일까? 세금 부담을 회피한다는 것이 과연 진정한 이유일까?

강력한 중앙서버 대신 개인들의 컴퓨터 연결로 구성되는 P2P 네트워크는 데이터 수집의 단일 포인트와는 달리 해킹의 위험에서 보다 자유롭다. 그런데도 암호화폐 거래는 거래소를 중심으로 이루어지고 있다. 그것도 중앙화된 거래소를 중심으로 말이다. 탈중앙화가 답인데 아직 초기 단계다. 결국 취지는 참신하지만 현실은 아직 비트코인이 구현한 세상을 전개하는 데 준비가 부족하다.

중앙화된 조직이 아직도 주도권을 쥐고 있는 것을 보면 사회구성원들의 사고 체계가 여전히 과거에 머물러 있는 듯하다. 혹은 진화 과

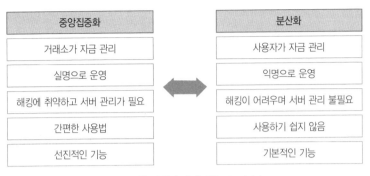

중앙집중화	분산화
거래소가 자금 관리	사용자가 자금 관리
실명으로 운영	익명으로 운영
해킹에 취약하고 서버 관리가 필요	해킹이 어려우며 서버 관리 불필요
간편한 사용법	사용하기 쉽지 않음
선진적인 기능	기본적인 기능

가치 교환 방식의 차이(자료: altcoin.io)

정을 밟고 있다고도 볼 수 있다. 이를 본격적인 탈중앙화의 세계로 유도하려면 그 필요성에 대한 공감대 형성이 중요하다. 보안이나 포용성 측면에서 탈중앙화 기구가 더 나은 선택임은 쉽게 알 수 있다. 그러나 이를 인정하더라도 기득권의 변화 의지는 미미하다. 오히려 프라이빗 블록체인에서 알 수 있듯이 자기중심적인 기술 채택 의지가 강하다. 개방과 공유의 정신은 오로지 자기중심적인 틀 안에서 허용되고 권장된다. 정부 주도의 블록체인 지원책도 자칫하면 그러한 방향으로 나아갈 수 있다. 정부의 "지원"이라는 말에는 분명 일방향 계획이라는 뜻이 내포되어 있기 때문이다. 이는 모든 참여자가 동등한 자격으로 교류하는 플랫폼의 모습과는 거리가 있다. 따라서 블록체인 3.0으로의 전환 과정까지는 상당한 시간이 필요하다. 다양성과 포용성에 대한 열망, 그리고 확장성 및 처리 속도 중심의 효율성 간에 존재하는 상충관계에 대해서도 사회구성원들의 공감대 형성 과정이 필요하다. 일방적으로 밀어붙이는 변화는 바람직하지 않다. 왜냐하면 형평성이 상실된 종속적 연관 위에서 얻어지는 경제적 가치가 얼마나 위험한지 사회구성원 모두 경험한 바 있기 때문이다. 가치의 기본이 제대로 이루어진 자발적 연관의 토대를 만들려면 불공정한 관행 요소를 관리해나가야 한다. 이를 위해 정부의 신뢰 주체가 얼마나 어떻게 필요한지에 대한 합의는 미래 변화의 핵심 요소다. 완전한 탈중앙화나 분산화 또는 중앙집중적 사일로 시스템이 아닌 중간 지대에서의 접점이 궁극적으로 수렴해야 할 균형 지점일 것이다. 이는 우리 모두의 참여와 노력으로 일궈내는 것이 바람직하다.

암호화폐는 화폐 기능 자체가 없다

Vs

있다

화폐는 가치 교환과 저장의 기능을 완벽히 또는 일부라도 가지고 있어야 한다. 이러한 기준에서 볼 때 현재의 암호화폐는 두 기능을 완벽히 충족한다고 보기 어렵다. 그러나 아직 제대로 발달하지도 못한 수단에 이러한 잣대를 적용하는 것 자체가 무리다. 향후 발달 정도에 따라서는 기존의 화폐가 지닌 기능을 넘어선 다양한 기능을 수행할 수 있기 때문이다. 그 판단의 기준은 얼마나 많은 잠재적 사용자들이 암호화폐에 적극적으로 참여하는지에 달려 있다. 사용자들이 편리성을 인정한다면 지금의 제한적인 용처는 확대될 것이며 가치 저장 수단으로서도 얼마든지 신뢰가 강화될 가능성이 있다. 현재 다수의 시각은 법정화폐를 대체할 수 있는지에 대해 보수적 판단을 내리고 있는데 이는 분명 문제가 있다. 오히려 거듭된 금융위기와 추세적인 가치절하, 양극화 심화 등 기존 화폐의 한계와 문제점을 인식한다면 더 나은 대안으로서의 암호화폐 가능성을 파악하는 데 더 많은 노력을 기울이는 것이 타당하다.

암호화폐는 화폐 자체의 역할 외에도 디지털 자산으로서의 기능도 수행할 수 있다. 우리 사회에서 가치를 지닌 모든 것들 가운데 법정화폐에 기반을 둔 자산으로 표시할 수 있는 것은 극히 제한적이다. 즉, 인류가 다양한 경제활동의 결과를 저장하고 미래의 부를 증진시키는 수단으로서 다양하게 활용할 수 있으려면 기존 화폐의 범주가 크게 확대되어야 한다. 심지어 암호화폐는 대체 자산 운용에서도 중요한 범주로 성장할 수 있다. 최근 들어 미국의 선물거래소에서 비트코인 파생상품의 거래가 본격화되고 있는 점은 불가역적인 추세로 볼 수 있다. 시카고옵션거래소Chicago Board of Options Exchange, CBOE와 시카고상품거래소Chicago Board of Trade, CBOT는 2017년 말부터 비트코인 선물거래를 시작했으며, 일본에서도 도쿄금융거래소Tokyo Financial Exchange, TFX가 비트코인 선물 상장을 위한 위원회를 발족했다. 이처럼 앞으로 선물 시장과 파생 시장에서도 암호화폐를 적극 수용할 가능성이 있다.

물론 이러한 용처의 확대는 사회적 신뢰 기반의 형성 여부에 달려 있다. 특정 발행자나 관리 주체가 없는 암호화폐의 가치는 전적으로 연결된 공동체의 자체적 신뢰기반 구축과 유지 여부에 의해 결정될 것이기 때문이다. 법적 신뢰 주체의 개입이 없기 때문에 기존 용처보다 더 광범위한 쓰임이 가능하지만 잘못되었을 경우에 나서줄 주체가 없다는 문제도 있다. 이에 대해 여러 안전 조치를 사전에 강구할 수도 있지만 적어도 집단적인 구제 조치는 기대하기 어려울 것이다. 더욱 심각한 이슈는 보안 문제다. 암호화폐가 주로 거래소를 통해 교환되는 한 개인키의 보관 문제나 암호화폐 지갑, 교환소의 보안을 지키는 일은 법적 신뢰토대를 벗어난 알고리즘 기반 신뢰의 축이기 때문이다.

전반적으로 볼때 암호화폐 관련 논쟁은 아직도 과거의 프레임에서 벗어나지 못한 듯하다. 물론 화폐의 기능적인 측면에서만 보면 현재 암호화폐는 법정화폐에 비교할 수 없을 정도로 효율성이나 취급의 편리성 면에서 뒤쳐져 있는 것이 사실이다. 그러나 암호화폐는 법정화폐를 거래적인 측면에서 대체하려고 만들어진 것이 아니라 화폐 기능을 중앙집중적인 신뢰 주체에 맡긴다는 사회적 합의에 대한 반론으로 만들어진 것이다. 따라서 핵심은 효율성이 아니라 가능성이며, 초연결 환경에서 화폐의 발행과 관리주체가 누구여야 하는지가 주목해야 할 화두다. 과거에는 특정 신뢰 주체가 핵심적 요소였지만 이제는 꼭 그럴 필요가 없다. 그런데도 아직 세계적 학자나 전문가들의 설명과 대립각은 과거의 프레임에서 좀처럼 벗어나지 못하고 있다. 그만큼 기존 체제의 뿌리는 깊고 단단하다. 와해성disruption의 강도가 높아질수록, 근본적인 변화에 관한 이슈일수록 그에 대한 저항도 강력해지는 것은 어쩌면 당연한 일일지 모른다. 그래서 암호화폐의 핵심 메시지에 대한 심층적인 논의가 다시금 필요한 것이다. 탈중앙화의 움직임이 과연 현재의 초연결 환경에 타당한지, 그리고 기존 체제의 문제점과 발전 방향에 비추어 현재의 대안이 어느 정도 수준에서 받아들여져야 하는지 대한 공감대가 필요하다.

주식과도 다르다(가치 기반이 없다)

Vs

가치창출의 불쏘시개이다

주식은 채권과 같은 증권의 일종으로 흔히들 토큰으로 분류되는 자산의 범주에 속한다고 간주할 수 있다. 코인이 화폐적 가치를 중시하는 표현이라면 토큰은 소유권이나 경영 참여 기회의 가치를 포함하는 보다 포괄적인 개념으로, 유틸리티 토큰과 시큐리티 토큰으로 구분할 수 있다. 유틸리티 토큰은 네트워크가 개발된 상태에서 접근 권한에 대한 가치를 표현한 것이고, 시큐리티 토큰은 투자적 관점에서 미래 가치의 증가에 대한 이슈를 포함하기 때문에 직접적인 증권법의

코인	토큰
• 지불 수단 • 화폐처럼 사용되어 전통적 화폐의 기능인 회계의 단위, 가치의 저장, 가치의 이전 수단 등을 목적으로 함 • 코인도 고유한 블록체인 토큰의 형태를 취하는 경향이 있지만, 항상 그래야만 하는 것은 아님	• 지불 수단 이상의 광범위한 기능. 디지털화폐 이상의 기능을 제공 • 토큰은 일반적으로 이더리움이나 웨이브와 같은 또 다른 블록체인에서 사용 • 투기적인 수익을 넘어서 투자자에게 새로운 가치를 가져다줄 수 있음

코인과 토큰의 차이

규율 대상에 해당한다. 가치가 없다면 굳이 규제할 이유도 없기 때문에 잠재적 가치가 있다고 믿는 부분에 대해 사기성 여부를 검증하는 노력은 분명 필요하다.

이와 관련하여 미국 증권거래위원회와 상품선물거래위원회Commodity Futures Trading Commission, CFTC의 규제 내용을 살펴보면 토큰의 일부를 실질적인 주식으로 간주하고 규제 대상으로 분류하고 있음을 알 수 있다. 호위 테스트Howey Test[18]는 증권으로서의 편입 가능성, 세금 문제, 투자자 보호 차원의 문제를 포괄적으로 어떻게 다루어야 하는지 가이드라인 역할을 하고 있다. 호위 테스트에 따르면 블록체인 토큰은 화폐 투자 여부, 일반 기업인지 여부, 이익의 대부분이 다른 투자자들에 의한 노력으로 창출될 수 있는지 여부, 이 세 가지 요소가 모두 충족되어야만 코인으로 인정받을 수 있다. 테스트의 적용은 1단계로 상세 기준을 적용하고, 2단계로 각각의 특징을 고려할 때 해당 토큰에 적용이 되는지를 결정해 항목별 점수를 부여하며, 3단계로 항목별 합산 점수 중 가장 낮은 항목의 점수가 토큰의 종합 위험도 점수가 되는 과정을 거쳐야 한다. 이와 같은 방법은 예측을 하기 위한 용도로만 쓰이며 토큰 각각의 고려 사항을 반영하기 위해서는 별도의

---

[18] 1946년 미국 증권거래위원회와 호위Howey 회사 간에 일어난 소송에서 미국 연방대법원이 판결에 이용한 기준을 말한다. 이는 증권인지 여부를 결정하는 기본적인 기준으로, 호위 테스트는 어떤 거래가 '투자 계약'인지 여부를 판명한다. 만약 어떤 암호화폐가 투자 계약으로 판명되면 그 거래는 증권 거래라는 의미가 되며, 투자 증권에 관련된 법률을 준수해야 한다. 미국 증권거래위원회는 암호화폐 상품에 대해 호위 테스트를 적용해, 증권 기준에 합치되면 디지털 자산의 발행과 판매를 연방증권법에 따라 규제하겠다고 했다.

항목 구분	특징	점수	설명	해당 여부 (예, 아니오)
화폐 투자 여부	해당 토큰은 무료로 배포됨	0	무료 배포된 토큰은 투자 용도로 쓰이지 않음	
	해당 토큰은 유료로 판매 중	100	크라우드 판매를 통한 토큰은 화폐 투자 를 포함하고 있음	
일반 기업 여부	코드 공식 배포 전 판매 시작	70	코드 공식 배치 전 판매를 시작한다면 일 반 기업으로 전향될 가능성이 있음	
	네트워크상 시험 가동 중	60	토큰만의 네트워크가 구성되어 있다면 일 반 기업 형식으로 전향될 가능성이 낮아짐	
	실시간 네트워크 가동 중	50	토큰 네트워크 구성이 끝난 후 일반 기업 으로 전향할 가능성은 더욱 낮아짐	
	모든 토큰 사용자는 일정한 수익 보장	25	모든 사용자가 동일한 수익을 보장받는다 면 일반 기업에 가까움	
	일부 토큰 사용자 는 거래 패턴에 따라 다른 수익을 얻음	-20	토큰 사용자가 본인의 사용 패턴에 따라 수익이 상이할 경우 일반 기업과는 거리 가 있음	
수익 기대 여부	토큰의 기능	0~100	토큰을 통해 다른 자산과 거래가 가능하 거나 토큰 사용자만이 세부 기능을 사용 할 수 있는지 여부	
	토큰의 수혜를 블 록체인 외에서 사 용자 스스로 실현 해야 하는 여부	0~80	토큰이 네트워크 밖의 제3자에게 가치가 있는지 여부	
	토큰 판매의 시점	0~20	판매 시점이 배치 전, 시험 네트워크, 또는 실시간 정상 네트워크인지 연부	
	투표를 통해 직접 적인 관여 여부	-20 ~ -10	크라우드 판매로 얻은 수익에 접근이나 프로토콜에 대한 변화가 전체 사용자 찬 반 투표를 통해 이루어져야 하는지 여부	
	토큰 판매 마케팅 방법	-100 ~50	코인공개와 유사한 방식이나 토큰 판매로 진행되는지 아니면 토큰 사용자에게 어떠 한 경제적 이익도 발생하지 않는지 여부	

자료: Coinbase, Coin Center, USV, Consensys Framework

법률 검토를 거쳐야 한다.

대체적으로 볼 때 발행자가 특정인인지 여부, 그리고 네트워크 기반인 경우 수익 추구형인지 아니면 일종의 효용을 극대화하기 위한 것인지에 대한 판단에 따라 수익증권 범주의 편입 여부가 갈리는 것으로 판단된다. 물론 아직은 사회적으로 검증과 조율을 병행하는 과정이므로 일정한 시간이 필요할 것으로 보이며, 이후에 보다 명확한 그림이 그려질 것이다. 당분간은 투자자 자신의 책임이 1차적으로 강조될 것이 불가피하므로 거래 상대방의 위험을 포함하여 포괄적인 관리감독 규정이 만들어질 것으로 전망된다.

사회구성원들이 긍정적인 관점으로 암호화폐나 토큰을 조율해 나간다면 토큰은 시간을 두고 실질적인 디지털 자산으로서 인정받게 될 것이며 그에 따라 보다 활발하고 다양한 투자와 수익 흐름이 예상된다. 이때 기존의 시장 인프라도 디지털 자산을 취급하기 위해 고도로 전문화, 선진화되어야 함은 물론이다. 궁극적으로는 디지털 자산의 출현으로 인해 인류 사회의 모든 가치가 적절히 정의되고 자유롭게 거래될 수 있는 환경으로 서서히 발전할 것이다. 오로지 법정화폐를 토대로 이루어졌던 과거의 수직적 시스템은 국경 간 거래가 활성화되고 개별적 기여도가 파악될 수 있는 환경에 접어들면서 점차 탈중앙화와 분산화의 특징을 띠게 될 것이다.

암호화폐는 기존 법정화폐가 지니고 있는 여러 한계를 극복하고 인류 사회가 균형적인 시각에서 발전을 도모할 수 있는 기반을 제공한다. 중장기적 시야가 무시되면서 그동안 접근하기 어려웠던 사각지대에서 새로운 가치를 만들어낼 수 있는 근거, 즉 다양한 연관을 민간 스스로 만들어낼 수 있는 인센티브를 제공하기 때문이다. 즉, 시장적 관점에서 민간이 만들어낼 수 있는 다양한 기회는 이제 머릿속에만 머물지 않을 수 있다. 정책적 도움 없이도 구체화하여 현실로 이어갈 수 있는 것이다. 아무런 연관이나 신뢰기반 없이도 적어도 시작을 할 수 있는 기회를 확보한 것이다. 전통적 화폐의 관점에서 벗어나 미래를 설계할 수 있는 도구인 암호화폐, 아니면 적어도 법정화폐만으로 꿈꾸기 어려웠던 것들을 가능케 하는 암호화폐에 대해 더 이상 교과서적 기능에 국한된 과거의 시각을 강요하지 않았으면 하는 바람이 강해지고 있다.

암호화폐는 과거 중앙은행 중심의 금융 시스템으로는 어렵거나 불가능했던 다양한 프로젝트를 중앙 부처의 허가나 간섭 없이 민간 스스로 추진할 수 있도록 하는 일종의 연료다. 물론 이것만이 미래의 열쇠라고 주장할 수는 없다. 그러나 그 중요성을 심각하게 파악해볼 만한 가치는 분명 존재한다. 이미 기존 시스템의 한계는 여러 곳에서 드러난 바 있다. 가장 극명하게 나타난 경우인 글로벌 금융위기 외에도 현재의 시스템을 유지하는 데는 상당한 재원이 동원된다. 국가별로 시스템을 유지하다보니 국경 간 흐름에 대해서는 국제기구의 가이드라인이나 모니터링이 절대적으로 필요하게 되었고, 대다수의 국가는 상부 지배구조가 지나칠 정도로 발달했다. 물론 다양한 시스템을 작동하는 데 일정 부분 비용이 발생하는 것은 어쩔 수 없다. 만약 상부 지배구조에 더 많은 투자를 해서 지금의 문제가 해결될 수 있다면 굳이 대안을 모색할 이유도 없을 것이다. 그러나 분명 현재의 체제가 해결하기 어려운 부분이 초연결 환경에서 드러나고 있다. 이는 적당히 과거의 정책 차원에서 해결할 수 있는 가벼운 문제가 아니다. 요컨대 현재 레거시 체제의 한계는 중앙은행 중심, 법적 신뢰 주체의 토대 위에서 돌아가는 금융 시스템으로는 초연결 환경에서 가능한 다양한 가치창출의 기회를 지탱하기 어렵다는 데 있다.

금융 포용이 강조되는 이유는 자본 적정성을 강조하는 현재 시스템의 태생적 한계에 따른 불가피한 결과이다. 따라서 다른 시스템의 작동으로 이를 커버해야 하는데 당연히 이질적 기준과 형평성의 문제가 내재되어 있다. 국제연합United Nations, UN 등 모든 국제기구가 금융 포용을 수년간 추진하고 있지만 당사자들의 이해관계가 우선시되는 구도하에서 추진 주체가 지원 대상자 스스로 자립하려는 모습을 본의 아니게 저해하는 제약하에서는 한계를 극복하기 어렵다.

해킹당할 수 있다

Vs

해킹은 대개 거래소의 문제이고 극복할 수 있다

비트코인의 운영체제인 블록체인은 그 자체로는 해킹 위험에서 자유로운 것으로 알려져 있다. 그러나 암호화폐의 저장 수단인 지갑이나 교환 장소인 거래소 주변에서의 해킹은 이제 일상이 되어버렸다. 2018년 당시 국내 최대 규모의 암호화폐 거래소 중 하나인 빗썸이 해킹으로 350억 원 규모의 암호화폐를 도난당했다. 2017년 12월에는 암호화폐 거래소 유빗이 170억 원에 달하는 암호화폐를 도난당해 파산에 이르렀다. 이는 비단 국내만의 문제는 아니다. 전 세계 비트코인 거래시장의 61퍼센트를 차지하며 블록체인 분야에서 세계를 선도하고 있는 일본에서도 코인체크Coincheck라는 암호화폐 거래소가 5억 3,000만 달러어치의 암호화폐를 해킹당했으며, 2014년에는 마운트곡스가 4억 7,000만 달러에 상당하는 암호화폐를 도난당한 일도 있었다. 이러한 보안 문제는 신뢰를 구축하는 데 악영향을 미치며, 암호화폐 가격의 폭락 사태는 항상 이러한 사건들이 배후에 작용하고 있다.

그렇다고 투자자들 다수의 편의를 제공하는 거래소의 역할을 무시할 수는 없다. 결국 거래소의 보안 문제를 해결하기 위해서는 상당한 규모의 투자가 불가피하다. 문제는 투자 규모가 늘어날 경우 다시금 거래소의 중앙화에 따르는 취약성 문제가 불거지며, 보안 문제가 아니더라도 지배구조상의 문제 역시 여전히 상존하게 된다는 점이다. 암호화폐가 만들어가는 세상을 위해 앞으로도 가상세계에 대한 관심과 지원이 필수적이며, 이때 거래소의 보안 문제는 시장 신뢰를 제고하는 차원에서 아무리 강조해도 지나침이 없다.

해킹의 종류는 실로 다양하다. 그러나 현재 문제가 되고 있는 보안 이슈는 주로 거래소와 지갑 관련 해킹 문제다. 아직은 초기 단계이므로 이러한 부분에 대한 충분한 노력이 반영되지 않은 측면이 있다. 이러한 문제는 궁극적으로 상당 부분 해소될 것이며 기존 체제의 보안 수준보다 더 나은 수준으로 발전할 것으로 전망된다.

잠재적 해킹에 대한 저항력은 투자자나 사용자의 신뢰와 직결된다. 그러므로 이 부분에 대한 평가는 중요한 투자 가이드라인으로 자리잡을 것이다. 최근 도입된 유럽연합 일반 보호규정General Data Protection Regulation, GDPR의 기본 취지는 암호화폐 취급과 관련된 지갑과 거래소 보안 문제를 심각하게 다루고 있는 바 개인정보에 대한 보호와 활용이 별도로 취급될 수 있을 정도의 기술적 성숙이 필요하다. GDPR은 일반적인 법 체계로서 개인정보 보호 관련 침해 사실이 확인될 경우 강력한 페널티를 부과하여 실질적으로 시장에서 퇴출시키는 원칙이다. 이러한 원칙이 준수된다면 개인들은 자신들의 정보를 활용한다고 해도 크게 걱정할 필요가 없어지는 효과를 기대할 수 있다.

결론적으로 빈번하게 뉴스를 장식하는 해킹 문제들의 대부분은

유럽연합 일반 보호규정GDPR 도입 이전과 이후 비교

구분	도입 이전 (Directive 95/46/EC)	도입 이후 (GDPR)
기업의 책임 강화	필요한 최소한의 처리, 처리 목적 통지 등	DPO 의무 지정, 영향 평가 등 추가
정보 주체 권리 강화	열람 청구권, 삭제권 등	정보이동권 등 새로운 권리 추가
과징금 부과	회원국별 자체 법규에 따라 부과	모든 회원국이 통일된 기준으로 부과

(자료: 인터넷진흥원)

지갑 관리나 거래소의 운영과 관련된 문제이므로 이러한 제반 인프라를 강화하는 투자가 활성화될 필요가 있다. 블록체인 자체의 해킹이 기술적으로 가능할지라도 이를 군이 망가트려 소수가 이익을 독점하는 상황은 발생하기 어렵다. 블록체인의 원래 취지가 공공성과 개방성이므로 이들이 탈취에 성공한다고 해도 네트워크가 유지되기 어려우며 탈취한 자산도 쓰레기로 변할 가능성이 높기 때문이다. 그래서 블록체인 위에서 돌아가는 암호화폐는 공공의 개방된 공동 재산이라는 방식으로 개인의 재산을 보호하는 참신한 접근 방식임을 다시금 강조하고자 한다. 역설적이지만 개방되었기에 지켜질 수 있는 것이다.

3장
—

미래 :
무슨 일이 벌어질 것인가

암호화폐가 몰고 올 변화들
화폐로서, 직장에서의 가치창출 방식에서 무엇이 달라질 것인가?

올해 초의 열풍 이후에도 암호화폐의 본질과 그에 따르는 질문들은 꾸준히 제기되고 있다. 가령 이런 것들이다. 기존 법적 토대에 기초한 신뢰 주체들이 관리해왔던 영역에서 탈중앙화 추세를 수용하여 다수에게 진입을 허용했을 때 어떠한 변화를 기대할 수 있을까? 민간에서 자체적으로 발행하고 관리하는 암호화폐가 구동하는 프로젝트에서 과연 제대로 결실을 맺을 수 있을까? 법적 규제적 준비에 앞서 진전되는 기술 혁신으로 양극화나 차별화가 더욱 심화되지는 않을까? 과연 탈중앙화는 어디까지 가능할까?

암호화폐는 탈중앙화를 통해 사회구성원들 사이에 다양한 연관을 만들어주는 네트워크상의 차세대 언어다. 가치의 이전뿐 아니라 저장과 관리에 이르는 전반적 활동을 매끄럽게 이루어내는 수단이기도 하다. 이러한 암호화폐가 몰고 올 변화들이 무엇인지 묻는다면, 소수 엘리트가 아닌 보통 사람들이 주인 역할을 제대로 하는 경우 일어날 변화가 바로 답이 될 것이다. 민주주의 사회에서 주인은 보통 사람들 혹은 민간이다. 그러나 이들은 마치 상전을 모시는 부하처럼 중요한 사안들을 법적 신뢰 주체에게 맡기고 생업에 종사하고 있다. 이들의 대리인인 공공 분야의 종사자들 역시 주인의식을 가지고 근무하는 데 어려움을 겪고 있다. 주인의 의무가 방기될 수 밖에 없는 폐쇄적 구조다. 이러한 결과는 제대로 들여다보고 책임지지 않아서 발생한 여러 사건에서도 거듭해서 나타나고 있다. 세월호 참사나 제천 화재 사건을 비롯해 엄청난 돈을 들여 만들어놓은 각종 인프라가 무용지물로 전락한 사례도 부지기수다. 만약 자신의 돈으로 프로젝트를 수행한다면 이러한 방기는 상상하기도 어려울 것이다. 그런 반면 암호화폐는 개인들이 자신의 활동에 책임을 가져야 한다는 메시지를 담고 있다. 경제행위의 주체로서 자신의 활동이 화폐 영역까지 집단적 차원에서 반영된다면 사고방식이나 행동에 적지 않은 변화가 불가피하다.

법정화폐가 만들어낸 세상과는 달리 암호화폐는 과거에 상상하기조차 어려웠던 다양한 분야의 시도를 가능케 할 것이다. 예를 들면 첫째, 지금까지는 서비스를 제공받으려면 서비스가 만들어지는 과정 전반을 기업에 의존하는 방식이 당연시 되었지만 암호화폐가 통용되는 세상에서는 제3자의 개입을 최대한 배제할 수 있다. 직접 거래가 가능한 세상에서는 중개 비용으로 인해 엄두를 내지 못했던 분야의 가치창출이 가능해진다.

둘째, 법정화폐는 공급에 있어서 중앙은행 중심의 정책수단으로서 활용되는 측면이 있기 때문에 신용을 확보하거나 대출을 얻는 과정에서 상당한 마찰을 감수해야 한다. 그러나 암호화폐는 정책적 고려가 반영되기 어려운 제한된 발행 물량과 엄격한 발행 규칙에 따르기 때문에 가치창출 활동 자체와 연동된다.

셋째, 자금 공급자들이 요구하는 일련의 필요조건을 충족하기 위한 노력이 아니라 자금이 필요한 고객과 투자자들의 필요를 충족시키기 위한 노력이 상호보완적으로 이루어지게 된다. 그동안 이루어진 투자 관련 거래의 핵심은 정보 비대칭성 문제에서 금융기관이나 관련 기관의 역량이 상대적으로 우수하다는 점, 그리고 이러한 우월성을 바탕으로 고객들의 정보를 제3자가 분석한다는 가정에 기초하고 있다. 그러나 암호화폐가 통용되는 세상에서는 정보의 소유자가 주인 역할에 직접 나서게 되거나 적어도 적절한 보상 체계 아래에서 정보 활용이 가능해지므로 정보의 비대칭성 문제가 근본적으로 완화된다. 따라서 중개인과 중간 역할을 당연한 듯 정당화하는 기존의 업무 처리 방식이나 가치창출 구도는 근본적인 변화에 노출될 수 밖에 없다. 그러나 이러한 방식이 기존의 대리인 중심보다 반드시 좋다고 주장하기는 힘들다. 만일 믿을만한 중개인과 대리인을 통해 업무 처리가 가능하다면 그보다 편리할 수는 없을 것이다. 그러나 전형적인 대리인 문제를 해결할만한 대안이 없는 상황에서, 아니면 견제나 모니터링 비용이 더 많이 들어갈 수밖에 없는 구도에서 암호화폐를 기반으로 돌아가는 세상은 분명 과거와는 다른 사고와 업무 처리 방식을 요구한다. 선택은 전적으로 민간 주역들의 몫이다.

실제로 기존 체제의 한계가 여기저기에서 감지되고 있으며 원칙적으로 모든 것이 연결된 상황에서 연결 자체를 만들어주는 중간 역할은 이전보다 많이 약화될 수밖에 없다. 물론 인구의 고령화로 주어진 틀에서의 효용 추구가 우선시될 수밖에 없지만 변혁의 시대에 새로운 세대의 준비를 과거의 잣대로 재단해서는 안 된다. 다수의 인구가 어떤 선택을 할지는 모르는 일이지만 적어도 연결 자체를 최대한 활용하는 가치창출 방식은 분명 미래의 패러다임이다. 이를 최대한 편리하게 구현해낼 수 있는 솔루션 개발자와 투자자들은 미래 가치창출의 주역으로 떠오를 것이다.

연결된 세상에서는 연결된 서비스의 제공자가 반드시 특정 주체일 필요가 없다. 누구든지 자신도 모르는 가치창출 과정에 참여할 수 있으며, 기여도에 따라 보상을 받을 수 있다. 복잡다단한 가치 사슬의 연결고리는 오로지 암호화폐를 통해서만 파악이 가능하다. 따라서 암호화폐는 다양한 가치창출의 통로를 가능케 하는 미래 경제의 기반이 될 것이다.

기존의 허가받은 소수, 혹은 법을 통해 신뢰 주체로 정의되었던 소수가 관리하던 기능들이 다수의 참여로 전환되면서 보다 나은 서비스의 생산과 전달이 가능해질 것으로 보인다. 정부의 허가에 모든 것을 집중하는 현재의 절차는 과감하게 민간 주도의 자율규제 방식으로 전환될 것이다. 중개나 개입의 역할보다는 스스로 이러한 절차를 준수하는 자발적 시그널링(정보 발생과 연관된 일련의 제스처)을 통해 대내외적 신뢰토대를 구축하는 방향으로 생태계가 진화할 것이다. 이때 정부나 규제 당국은 보다 큰 생태계의 공정한 경쟁 환경을 지키기 위한 신중하고 비개입적인 데이터 기반의 기술적 노력으로 금융 안정과 소비자 및 투자자 보호, 프라이버시 보호의 대원칙을 지켜나가야 한다.

이제 부분적으로 모습을 드러내고 있는 암호화폐가 구현하는 새로운 세상을 본격적으로 한번 조망해보자. 일부 엘리트들만이 아닌 다수가 참여하는 개방 플랫폼이 가져다줄 세상의 변화는 어떤 모습일까? 일단 시장 참여를 할 때 입사 시험과 같은 철저히 기득권 위주의 가치체계를 넘어 다양한 가치들이 만들어질 수 있는 여건이 확보될 것으로 보인다. 주목할 것은 개방형 퍼블릭 블록체인 플랫폼의 의미가 누구나 세상의 주인 역할을 할 수 있다는 하나의 선언이라는 점이다. 이러한 선언에 따라 경제주체들의 사고방식이 변한다면 어떠한 변화를 기대할 수 있을까?

첫째, 더 이상 노동자들은 일정 시간 회사에 출근하고 퇴근하는 전통적인 노동 방식에 얽매이지 않게 된다. 출퇴근 시간이 신축적이어야 하는 이유는 경제학에서 말하는 제도institution과 조직organization 이론에 기초한다. 지금까지는 교류의 극대화를 위해 일정 시간에 모이는 것을 촉진하는 단위로 회사가 존재해왔다. 그런데 초연결 환경에서는 그 필요가 많이 감소한다. 메사추세츠공과대학교의 크리스천 카탈리니Christian Catalini에 따르면 거래의 확인증명이나 전통적인 중개인들의 역할이 없는 네트워킹이 손쉽게 가능해지면 굳이 이러한 거래 관련 제반 비용 요인을 줄이기 위해 존재하는 과거의 회사 같은 조직들은 타당성을 많이 상실하게 된다. 아마도 다른 형태의 회사 조직이 발달할 것이고 플랫폼 형태의 모습을 가질 것으로 관측된다. 이는 초연결 환경에서 핵심적인 요소로 생각하는 네트워크 효과를 극대화하기 위해서는 단순한 연결로 만들어지는 연관을 넘어서 자발적이고 활력 있는 가치창출이 가능한 협업 촉진 연관에 보다 많은 관심을 갖게 되기 때문이다. 즉 위에서 만들어지는 지시가 아니라 자발적 규칙에 의거한 합의를 촉진하는 조직의 형태로 발전하게 된다.

둘째, 가치창출이 다양한 협업에 기반을 두게 되니 특정 회사의 틀 안에서 협업하는 것보다 틀 밖의 요소와 교류하는 것이 더욱 효과적일 가능성이 크다. 결국 개방과 협업을 가능케 해야 교류가 활발해지며 그래야 연결된 세상에서 생존 가능한 가치가 만들어지게 된다. 이러한 특징을 허용하려면 경제주체 중 정부나 기업이 지금처럼 우월적 지위를 고수하는 것은 의미가 없어진다. 기존의 시스템으로는 교류 자체가 제한적으로 이루어질 수밖에 없기 때문이다. 물론 지휘자 없는 교향악단을 생각하기 어렵듯이 조율의 역할은 매우 중요하다. 그러나 이것을 특정 개인이 할 필요는 없다. 오히려 집단지성의 인공지능이 그 역할을 대신할 수도 있다.

셋째, 국가 중심의 틀을 넘어 더 큰 가치가 허용되는 플랫폼이 발달할 가능성이 크다. 이 경우 경제활동의 주체가 과거와는 다른 방식으로 가치를 만들어내고 이를 허용하는 지배구조가 강조될 것이다. 결국 과세 문제와 외환 규제 및 국가의 존재에 대한 문제가 자연스럽게 대두될 수밖에 없다. 그렇게 되면 국가 기구와의 충돌은 불가피하다. 이러한 이해관계의 상충을 어떻게 조율하는지, 구성원들이 국가라는 장벽에 갇히지 않도록 하는지에 따라 국가의 경쟁력도 재편될 것이 분명하다.

초연결 환경이 만들어내는 변화는 이와 같이 근본적 차원에서 이루어지기에 경제학의 기본 가정부터 뒤집는다. 이러한 변화의 근저에서는 경제주체들의 구분 자체가 희미해지는 플랫폼 차원의 토대가 강화되고 있다. 이처럼 희미해진 경계에서 생존 가능한 서비스를 만들고 제공하는 협업은 절대적으로 필요하며, 이를 구동하는 인센티브 개념으로서 암호화폐는 대단히 중요하다. 이들의 활동이 보다 넓은 세상에 어필할 경우 암호화폐, 즉 코인의 가치도 상승하게 된다. 법정화폐 간의 상대 가격인 환율이 이제는 보다 포괄적으로 적용될 것이다. 가치창출의 네트워크가 주인이 있는 산출물인지 아니면 개방형 공공재인지, 그리고 그 서비스가 본질적으로 유틸리티인지, 투자 목적인지에 따라 다양한 옵션이 가능해질 것이다. 그에 따라 과세 기준도 달리 적용될 것이다. 수많은 코인들이 오히려 선택의 폭을 과도하게 넓혀 고통으로 다가올 수도 있다. 그러나 선택은 각자에게 편하고 익숙한 몇 가지의 코인으로 수렴할 것이다. 바야흐로 춘추전국 시대와 같이 수많은 코인들이 신뢰 경쟁에 나설 것이며, 그러한 조율 과정과 필터링을 거쳐 초연결 환경의 기회와 도전이 구성원들에게 차별적으로 전달될 것이다.

암호화폐는 말하자면 일반 대중이 주인인 세상에 필요한 핵심 무기인 셈이다. 탈중앙화의 진정한 주인은 개인별로 중앙화의 주인으로 재탄생한 민초들이다. 이미 기술의 발전으로, 방식의 진화로 이러한 변화가 눈앞에 다가왔는데 정작 과거의 가치창출 방식에 익숙한 주인인 일반 대중은 정부와 재정의 역할에 기댄 채 시대의 변화를 제대로 읽지 못하고 있다. 초연결 환경을 제대로 활용하면 개인과 그 주변이 번성할 것이고 잘못 활용하면 공멸의 길을 재촉할 것이다. 모두가 주어진 위치에서 생태계를 잘 가꾸는 자세로 참여한다면 우리는 초연결 환경의 멋진 미래 모습을 그려볼 수 있다. 그때야 말로 펭귄이 리바이어던을 이기고 이끌어가는 멋진 사회를 기대할 수 있다.

탈중앙화로 달라질 우리의 삶

* **보트워처**VoteWatcher

미국에서는 이미 블록체인을 활용한 투표 방식이 제안되고 있다. 보트워처가 내놓은 투표 시스템에 따르면 유권자는 QR코드가 인쇄된 종이 투표용지로 투표를 하고 그 결과는 스캔되어 블록체인에 저장된다. 여러 개의 블록체인 조각들이 이 투표 결과를 '저장'해 변조를 막는다. 유권자는 투표 영수증을 통해 투표 결과를 확인할 수 있다.

* **원산지증명서 블록체인 기술 적용**

행정안전부에서 추진하는 2018년 첨단 정보기술 활용 공공 서비스 촉진 사업에는 국가 간 원산지 증명서 발급, 교환의 위변조가 불가능하도록 블록체인 기술을 적용하는 사업이 포함되어 있다. 기존에는 수출입 기업이 원산지증명서 원본을 상대 국가에 항공편 등으로 직접 제출해야

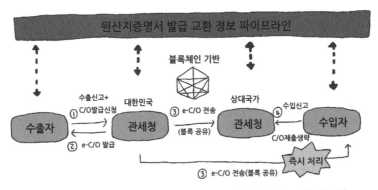

대한민국 수출 기준 전자적 원산지증명서 발급·교환 서비스(자료: 행정안전부)

해서 불필요한 시일이 소요되었다. 향후에는 블록체인망을 통해 진본성이 검증된 원산지 증명서를 국가 간 즉시 교환할 수 있게 되어서 수출입 기업의 물류 비용이 크게 절감될 것으로 보인다.

* 메디블록Medibloc

메디블록은 개인의 의료 정보가 각 의료기관에 흩어져 충분히 활용되지 못하는 현재의 의료정보 시스템을 개인이 자신의 의료 정보를 관리하는 탈중앙화 의료정보 시스템으로 바꾸고자 하는 사업이다. 이를 통해 개인은 시간과 비용을 절약할 수 있으며, 의료 공급자도 환자에 대한 보다 종합적이고 완전한 의료정보를 접함으로써 더 나은 의료 서비스를 제공할 수 있게 된다. 또한 의료 연구자에게 개인의 의료정보를 판매하여 수익을 창출할 수도 있으며, 의료 연구자는 신뢰할만한 정보에 쉽게 접근함으로써 더 나은 연구 성과를 가져올 수 있다.

* 마이크레디트체인MyCreditChain

마이크레디트체인은 신용정보를 수집하고 사용하는 과정 전반을 혁신하기 위해 사용자가 자신의 정보를 소유하여 개인 신용정보 빅데이터의 활용을 민주적으로 만든다. 신뢰할 수 있는 제3자가 아닌 참여자 간 관계 발전으로 신뢰를 형성한다는 것이 이들의 주요 사업 내용이다.

메디블록이나 마이크레디트 체인처럼 정보의 주인이 정보를 관리할 수 있도록 패러다임을 전환시키면 개인 프라이버시 문제는 물론 새롭게 가치가 다양한 방식으로 창출되는 협업경제의 구현이 가능해진다. 이러한 방식은 블록체인 기반 위에서만이 가능한 협업 차원의 가치창출이므로

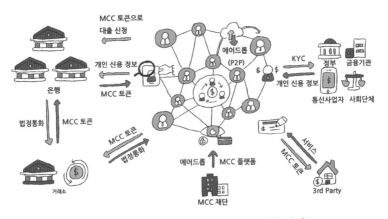

마이크레디트체인 에코 시스템(자료: 마이크레디트체인)

네트워크를 최대한 활용한다는 점에서 경제적인 타당성이 충분하다.

암호화폐를 활용한 새로운 가치창출 사례

* 빗썸

국내 1위 암호화폐 거래소 빗썸은 2018년 실생활에서도 결제가 가능한 빗썸캐시 서비스를 도입했다. 빗썸은 빗썸캐시 시장을 확대하기 위해 숙박 예약과 전자상거래 분야에서도 암호화폐를 이용한 결제 시스템 구축을 추진함은 물론, 소셜커머스업체인 위메프와 전자상거래업체인 인터파크비즈마켓과도 협업을 추진 중에 있다. 배달의민족과 식신 등 음식배달 서비스에도 암호화폐를 이용할 수 있게 될 전망이다.

* 국내외 암호화폐 결제 사례

미국 등에서는 이미 암호화폐를 활용한 결제가 활성화되고 있다. 미국의 유명 쇼핑몰인 오버스톡Overstock과 뉴에그Newegg는 암호화폐를 결제 수단으로 활용하고 있으며, 일본의 전자제품 유통업체 빅카메라의 경우 일부 서비스에서 암호화폐를 받고 제품을 판매하고 있다.

그 외에도 직불카드를 통해 달러와 연동시킬 수 있는 비트페이Bitpay와 코인베이스Coinbase 등의 서비스도 있다. 이 업체들은 비트코인과 비트코인캐시를 보관하거나 '비트페이카드'를 통해 달러로 환전할 수 있도록 지원한다.

국내에서는 우리은행이 LG CNS와 블록체인 기술을 적용한 '위비코인(가칭)'을 개발했다. 위비코인은 기술적으로 폐쇄형 블록체인 기반 선불 전자지급 수단 방식이며, 현재 LG CNS 연구단지에 시범적으로 운영 중이다. 단지 내에서는 위비코인을 이용해 물품을 구매할 수 있다. 향후 계획을 살펴보면 우선 우리은행 직원 거래로 발행·충전·결제·송금 등의 디지털화폐 기술을 검증한 후, 우리은행과 거래하는 대학으로 디지털화폐 사용을 확대하고, 지자체 등으로 디지털화폐 연계를 추진하고자 한다.

또한 커뮤니티 활동이나 음원 구매 등 생활 속 서비스에 특화된 암호화폐를 발행하고, 실제 이용하도록 하는 서비스도 있다. 국내의 스타트업 기업인 재미컴퍼니는 블록체인 기술을 접목한 음원 유통 서비스 구축은 물론 음원 서비스도 구매할 수 있는 암호화폐를 선보일 예정이다.

모두가 참여하는 경제로의 패러다임 전환

금융 포용

블록체인에 기반 한 암호화폐의 가장 큰 매력은 기존 은행 시스템으로 접근하기 어려운 분야에 경제활동의 가장 기본적인 금융서비스를 제공할 수 있다는 점이다. 포용적 금융의 일환으로 디지털 네트워크 기반의 금융 서비스 제공 가능성은 이미 M-PESA에서 증명된 바 있다. M-PESA는 케냐의 통신사 사파리콤Safaricom과 남아프리카공화국의 통신사 보다콤Vodacom을 활용하여 비접촉식 결제, 송금, 소액금융 등을 제공하는 서비스다. 2007년 케냐의 4,000만 명이 넘는 인구 중에 은행 계좌를 갖고 있는 사람은 30퍼센트 정도였고, 한반도의 2.7배에 달하는 케냐의 국토에 은행 지점은 수백 개에 불과했다. 2007년부터 사파리콤은 M-PESA 서비스를 시작했는데, 기존의 모바일 뱅킹은 일반 은행에 계좌가 있어야만 사용 가능하지만, M-PESA는 계좌가 없어도 핸드폰만 있으면 누구든 이용할 수 있다. 게다가 시골 변두리 지역까지 핸드폰을 통한 여러 지식산업이 보급되면서 디지털 격

차가 해소되고 정보 교류가 더욱 활발히 이루어지고 있다. 인구 100명당 핸드폰 열 대가 늘어나면 경제성장률이 0.5퍼센트 상승한다는 연구 결과도 나왔듯이 M-PESA는 케냐사회를 발전시키고 경제를 끌어올리는 힘이 되고 있다.

이후에도 다양한 시도들이 아시아의 낙후 지역에서 펼쳐지고 있다. 대체적으로 금융 접근성을 제고한다는 점에서는 이론의 여지가 없다. 그러나 접근성의 제고를 포용적 금융의 궁극적 목표로 보기는 힘들다. 자립경제 기반을 구축하는 노력과 연결되어야 하지만 이를 위해서는 금융 이외에도 다방면의 협조가 필요하기 때문이다. 물론 가장 중요한 것이 '자립 의지'임은 다른 어떤 탈중앙화의 노력과도 다르지 않다.

1. 대리점에 현금 지불하고, 휴대폰에 디지털화폐 충전
2. 현금 송금 메뉴 선택
3. 수취인 휴대폰 번호 및 금액 입력 후 전송
4. 수취인 대리점 지급 요청 또는 ATM에서 인출

M-PESA 송금방식(자료: 우리금융경영연구소)

포용적 금융의 수단으로서 탈중앙화된 시스템의 출현은 무엇보다 큰 의미를 가진다. 은행 시스템은 자체적인 자본 토대와 위험관리의 의무 때문에 주변 지역에 서비스를 제공하는 데 원천적인 한계를 지닐 수밖에 없다. 그래서 자본 토대 시스템으로는 모두를 포용한 서비스를 제공하는 것 자체가 불가능하다. 또한 위험관리를 위해서는 신용이 낮은 계층에 대한 신용공여가 어렵다. 그래서 정책적으로 대안을 마련하고 정부가 개입하지만 여전히 부작용은 우리들의 몫이다.

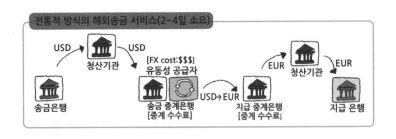

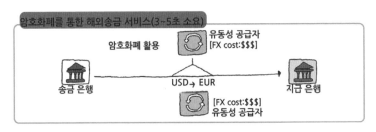

전통적인 송금 서비스 방식과 암호화폐를 활용하는 방식의 비교

이러한 이중적 구조로는 사회적 공감대 형성과 유지가 쉽지 않다.

요컨대 블록체인에 기반을 둔 금융 시스템은 개별적인 시스템과는 달리 자본 토대에 대한 강력한 규제가 필요 없기 때문에 비용 측면에서 그동안 접근하기 어려웠던 소외 지역에 보다 밀착 서비스를 제공할 수 있다. 케냐의 M-PESA 등은 엄밀히 말하면 암호화폐와는 관련이 없지만 통신네트워크를 이용한 금융 서비스라는 점에서 포용성 제고의 구체적 사례라 할 수 있다. 암호화폐와의 연관이 언제든 가능함은 물론이다.

금융 포용의 관점에서 암호화폐는 기존 전달 방식의 제약을 뛰어넘는 것 이상의 의미를 지닌다. 과거 통신망을 활용한 금융 서비스의 제공이 금융 접근성을 크게 향상시켰다면, 암호화폐는 고질적인 중간

누수 현상을 근본적으로 차단하고 경제활동에서 모든 민간들이 주인 역할을 할 수 있는 기반을 제공함으로써 자립경제 기반을 구축하는 데 그 무엇보다도 유용하다. 다만 공동체 단위로 신뢰 기반을 구축하는 데 필요한 제반 환경을 유지하고 관리하는 노력이 어디에서나 가능한 것은 아니다. 실제 금융적 측면만으로 금융 포용이 불가능하다는 사실은 그동안의 여러 사회적 실험 결과에서 여실히 드러났다. 따라서 금융 접근성이나 투명성 제고라는 혁신적 사고 외에도 경제활동의 주체로서 문화적·사회적 배경이나 자립 정신과 같은 무형의 요소들이 구비되어야 하고 이를 싹트게 하는 기저로서 암호화폐를 활용한 공동체 활동을 고안해볼 수 있다. 이러한 본질적인 이슈에 접근하기 위한 인센티브 차원에서 암호화폐는 기존의 어떠한 대안보다 자립 정신과 유인부합적 원리를 강화시킬 수 있는 훌륭한 도구다.

이 같은 새로운 시도는 단일 플랫폼 운영자로 인한 불가피한 비용을 줄이고 시장 참여자들로 하여금 공유된 인프라에 접근하고 이를 활용할 수 있게 함으로써 상호 직거래를 가능케 한 혁명적 발상에 기초하고 있다. 이는 집단적 신뢰토대를 기반으로 돌아가는 시스템에서 각자가 자신의 행동에 책임을 지고, 중앙 신뢰의 축이 소수의 권한과 결정으로 이루어지는 대신 다수의 참여와 모니터링을 통해 유지되는 구조다. 이러한 발상은 자산의 소유에 대한 기본적 시각에도 영향을 미친다.

토큰경제와 암호화폐

금융이나 실물의 여부에 상관없이 모든 자산은 토큰으로 대표되며 토큰은 자유롭게 전 세계 어디서든 거래되는 방향으로 발전하게 된다. 특정 자산과 토큰 간의 관계가 파괴되지 않는다면 기존 인프라에 일정 요건을 충족시켜 통용시킬 수도 있다. 이 경우 심지어 가축에 대한 소유권도 잘게 나누어 많은 사람들이 소유권을 나눠 갖고 거래할 수 있다. 이러한 상황은 자산의 범주에 따라 유동성 확보에 어려움을 겪는 현실의 제약을 뛰어넘을 기회다. 이를 통해 양극화와 극단적 차별화 대신 모두가 참여하는 경제로의 패러다임 전환이 가능해진다. 이러한 맥락에서 암호화폐는 토큰화와 토큰경제의 기반이다.

따라서 암호화폐를 투기의 대상으로 인식하는 것은 어쩌면 예상된 초기 반응이다. 그러나 암호화폐는 연결된 네트워크에 기반을 두고 있으므로 미래의 가치창출 기반임에는 틀림없다. 지금의 어떤 법정화폐도 초연결 환경에는 적합하지 않으며 불편을 초래할 뿐이다. 국가라는 지배구조와 틀이 현 세상의 기본적인 토대임에 틀림이 없으나, 최근의 초연결 환경은 이를 뛰어넘는 체제적 변화를 요구하고 있다. 법과 규제, 문화적 코드, 무형의 각종 자산들이 각각 달리 만들어지고 인정되는 현실에서 초연결 환경에 적합한 지배구조와 법적 토대를 기존 체제에서 기대하기는 어렵다. 상당 기간이 필요할 수도 있고, 어쩌면 초연결 환경이 후퇴하여 국가적 관리에 수월한 정도로 분열되고 분화될 가능성도 존재한다. 그러나 암호화폐의 기본 취지가 받아들여지면 모든 자산의 토큰화가 가능해질 것이고, 이는 일부에 소유권이 국한된 현실에서 다수가 나누어 갖는 토큰경제로의 발전을 의미하게 된다. 아울러 가치 교환도 토큰 기반으로 이루어짐에 따라 자산의 생성과 교환이 더욱 원활해질 것이다. 자산의 국경 간 이동은 법정화폐 시스템 아래에서보다 수월해질 것이고, 모든 경제행위가 합리적인 방법으로 가치를 만들고 그 가치가 배분될 수 있다. 초기의 암호화폐는 교환가치가 불안하고 일부 문제가 생길 수도 있으나, 글로벌 차원의 토큰경제가 바로 탈중앙화경제의 핵심임을 감안한다면 토큰경제의 발전은 역사의 도약으로 기록될 것이다. 바로 이러한 모든 변화의 시작은 암호화폐로 가능해진다. 왜냐하면 암호화폐야말로 네트워크화된 기반 위에서 돌아가는 미래 지향적 지배구조하의 합당한 가치교환 및 저장 수단이기 때문이다.

일례로 싱가포르 중앙은행은 우빈 프로젝트를 통해 싱가포르 달러의 토큰화와 블록체인 기반 위에서의 교환가치 제고를 꾀하고자 한다. 이 프로젝트의 핵심은 자신이 보유하고 있는 자산이나 자산 인프라를 국제화하여 자신들의 가치를 스스로 높이려는 전략이다. 현재 싱가포르 중앙은행은 다수가 쉽게 참여할 수 있는 플랫폼 기반으로서

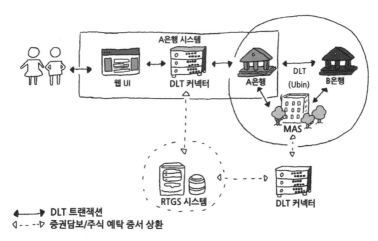

싱가포르 중앙은행의 우빈 프로젝트(자료: Deloitte & MAS)

블록체인의 다양한 형태를 실험하고 있는 상황이므로 멀지 않은 시간에 시제품이 출시될 것으로 기대된다. 중앙은행이라는 기존의 신뢰 주체가 나서는 점은 문제이지만 전략적으로 민영화의 수순을 밟는다면 시작하지 않고 기다리는 것보다는 나은 선택으로 보인다. 시제품이 출시되면 많은 사람들이 자신이 보유한 자산의 교환을 위해 토큰 거래가 자유로운 싱가포르의 플랫폼에 몰려들 것이고, 이는 싱가포르의 위상을 빠르게 높일 수 있는 기회가 될 것이다.

이처럼 변화된 환경에 발맞춘 자발적이고 적극적인 노력에서 싱가포르 금융의 밝은 미래가 엿보인다. 우리나라에서도 이제 보다 큰 틀에서 모두가 참여하는 기반을 조성하여 자발적으로 참가하고 싶어하는 마음이 생기도록 생태계적 접근에 나서야 한다.

변화 2
금융의 플랫폼화에 대하여

연결이 가져다주는 변화는 이미 시장에도 매몰차게 적용되고 있다. 전통적인 역할 구분은 더 이상 의미가 없으며 경제 주체들은 갑자기 넓어진 영역에서의 역할 모색에 혼란스러운 모습이다. 이들은 전통적인 소비자로서의 역할 외에도 개발자와 공급자, 심지어는 플랫폼 운영자로서의 역할에도 적극 나서고 있다. 세상의 주인으로서 가치 구현에 필요한 거의 모든 리소스는 개방적으로 공유되고 있다. 그러한 점에서 이제는 의지와 상상력만 있으면 세상에 나와 도전할 수 있는 환경이 마련되었다고 볼 수 있다. 이러한 변화는 기존 기업들의 모습을 근본부터 바꿔놓고 있다. 은행들은 소수의 프라이빗 뱅킹을 제외하면 지금의 모습으로 남아 있을 가능성이 거의 없다. 기존 회사들도 무엇을 하는 회사인지 파악하기조차 어려울 정도로 연결된 서비스의 협업 파트너로 자리매김할 것이다. 이미 시장 메시지는 명확하다. 기존의 법무 및 회계 기준이나 감사 원칙에도 심각한 업데이트 부담이 생겨나고 있다. 사회 전반에 걸쳐 금융 안정과 소비자 보호의 대원칙은 개인 프라이버시 보호 차원으로 구체화되고 있으며 데이터 활용이 절대적으로 중요해진 환경에서 기술적, 윤리적 합의 도출 과정이 어려운 숙제로 남았다.

미래 변화가 가져다줄 변화는 조직의 형태, 기업의 모습, 참여자들의 구성과 참여 방식 등 모든 요소에 엄청난 압력을 행사하고 있다. 전체적으로 파악되는 공통적인 추세는 연결과 대화의 창구가 급격하게 중요해지고 있다는 것이다. 이는 인터페이스 형태의 연결이 얼마나 촘촘하게 이루어지는지에 따라 경쟁력이 결정되는 구조다. 아마존이 더 이상 물류회사가 아니라 전 세계 거의 모든 서비스 기대의 기반으로 자리매김하게 된다 해도 크게 놀랄 일은 아니다. 자동차나 주변기기는 이제 사물인터넷, 사물통신Machine to Machine, M2M의 초연결 환경에서 또 다른 연결 고리일뿐 가치창출이나 교환에 기여하는 측면에서 다른 것들과 다를 바가 없어진다. 인간은 이 모든 것을 바꿀 수 있는 주인으로서의 역할을 지킬 수는 있겠지만, 인공지능이 고도화되면 이를 견제하기도 점차 어려워질 것이다. 대중, 즉 민초들의 주인으로서의 의식 수준이 모든 것을 결정하게 되는 세상을 곧 맞이하게 될 것이다.

이와 같은 미래 변화의 핵심 추세인 플랫폼화의 핵심은 사용자의 참여를 기반으로 새로운 서비스를 창출해가는 노력에 있다. 이는 사용자들을 끌어들이는 풀 전략pull strategy을 적극 구사하여 새로운 서비스 창출 과정에 적극 참여시키는 전략이다. 이러한 과정에서 생산자, 소비자, 개발자, 운영자의 역할은 수시로 바뀌며 구분도 어려워지게 된다. 전통적 규제산업으로 분류되었던 금융산업마저도 지정한 플랫

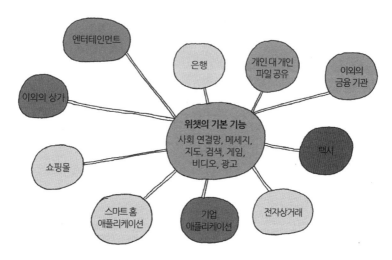

엔터테인먼트

은행

개인 대 개인
파일 공유

이외의
금융 기관

이외의 상가

위챗의 기본 기능
사회 연결망, 메세지,
지도, 검색, 게임,
비디오, 광고

택시

쇼핑몰

스마트 홈
애플리케이션

기업
애플리케이션

전자상거래

텐센트의 금융 서비스 플랫폼화 사례(자료:Tencent)

폼 사업자의 영역에 진입하게 된다.

이른바 4차 산업혁명에 따르는 새로운 기술로 금융시장은 큰 변화를 겪게 될 것이다. 분산 시스템, P2P, 투명성과 익명성, 불가역성, 스마트 계약 등의 특징은 금융시장의 변화를 주도하는 협업과 개방의 연결을 뒷받침하는 핵심적 요소다. 그에 따라 중간 기구나 업자들의 역할이 대폭 간소화되면서 시장에 출현한 획기적인 서비스, 서비스 제공자, 전달 방식의 변화를 넘어서 시장 자체가 다면적 시장으로 변화하고 있다. 전통적으로 데이터 집중과 거대 자본을 기반으로 영위되었던 금융 비즈니스 모델에 익숙한 이들에게는 큰 충격이 될 것이다.

블록체인을 사용하면 블록의 코드와 네트워크를 통해 각 거래가 네트워크 노드에 의해 유효성이 인정되므로 은행과 신용평가 기관이 신뢰 확보를 위해 지불하는 수수료를 절감할 수 있다. 또 금융기관,

즉 제3자 없이 네트워크에서 암호를 사용함으로써 신뢰와 보안을 확보하여 대출을 실행할 수 있을 것이다. 며칠에서 몇 주까지 걸리던 결제 및 청산 절차를 블록체인을 활용하면 몇 분 또는 몇 초로 줄일 수도 있다. 보험 분야에서는 블록체인을 활용한 분산 보험 모델을 통해 불확실성에 대한 다양한 파생상품을 훨씬 투명하게 사용할 수 있다. 투자 분야에서도 중간 과정을 대부분 생략, 자동화하여 P2P 파이낸싱의 효율적인 시스템이 가능해진다. 또한 블록체인은 금융기관의 정보 처리, 기록, 보고 등 회계 과정을 디지털화하여 오늘날 금융의 속도에 효과적으로 대처할 수 있을 것이다.

이와 함께 4차 산업혁명은 플랫폼을 중심으로 그 영향력을 확대할 것으로 전망된다. 구글, SAP, GE, IBM, 아마존 등 글로벌 기업은 빅데이터, 인공지능, 사물인터넷 등을 활용한 산업 플랫폼을 적극 육성하고 있으며, 독일과 같은 나라는 이미 다양한 산업 플랫폼 조성을 통한 제조업 중흥에서 선두로 나아가고 있다. 아마존은 콘텐츠로 소비자를 관리하고, 물류로 커머스 수익을 극대화시키고, 데이터로 모든 비즈니스를 커버하고 있다. 취급 분야는 서적, 가전, 생활용품, 전자책, 디지털 콘텐츠, 앱스토어뿐 아니라 클라우드 서비스까지 거의 모든 분야를 망라한다. 게다가 사용자가 아마존에서 한 쇼핑 기록을 분석해 개인별 구매 성향을 정확히 파악해 활용하고 있다.

이 같은 트렌드는 금융 서비스에도 적용될 것으로 보이는데, 단일 채널을 통해 서로 다른 금융기관과 소통할 수 있는 기능을 제공하는 플랫폼은 금융 서비스 제공의 지배적인 모델이 될 것이다. 이러한 플랫폼으로의 전환은 점차 금융상품 전반에 걸쳐 확산되고 있다. 은행은 지금과 달리 하나의 중심축이 아니라, 플랫폼이 제공하는 여러 서비스 가운데 하나로 인식될 것이다. 이미 중국의 텐센트Tencent는 메신저 플랫폼 위챗WeChat을 기반으로 다양한 서비스를 제공하는데 그 가운데 은행 서비스도 있다. 독일의 주요 은행 중 하나인 피도르은행 Fidor Bank의 경우에는 다면 플랫폼multi-sided platform을 활용하여 P2P 대출 및 환전 거래 서비스를 제공하고 있으며, 소셜미디어 정보를 활용하여 사용자의 신원과 위험도를 파악하기도 한다. 또 인터넷으로만 은행 서비스를 제공하는 데 집중함으로써 온라인에 특화된 서비스를 제공하고, 개방형 API[19] 파트너십 비즈니스 방식을 활용하여 고객의 의견을 수렴함으로써 서비스 능력을 최대화하고자 한다. 경제활동의 기초적 역할인 아이덴티티, 지배구조, 은행, 신용 데이터 등은 이제 새로운 환경에서 다시 구성되어야 한다. 과거 중개인 역할을 수행하던 존재들도 본격적인 탈중앙화 추세에 노출되고 있다.

연결이 가져온 변화가 화폐에서도 관찰되고 이러한 변화가 다시금 새로운 세상을 열어가는 것을 충분히 관찰할 수 있다. 블록체인이라는 네트워크 기반 위에서 이미 P2P 거래가 가능해진 세상이다. 오죽하면 '서비스형 블록체인blockchain as a service'라는 말이 생겨날 정도겠는가. 지금 주자로 떠오르는 대다수 플랫폼 운영자들의 과도한 이익 추구는 다른 형태로 견제될 것으로 보인다. 즉, 과도기적인 중앙화된 플랫폼에서 탈중앙화된 플랫폼으로 자리를 잡게 되면 보다 많은 사람

---

[19] Application Programming Interface, 운영체제와 응용프로그램 사이의 통신에 사용되는 언어나 메시지 형식.

들이 다양한 서비스를 향유할 수 있게 된다. 소수가 관리하거나 지배하는 구도에서 벗어나 보다 균형 잡힌 공감대 형성이 가능해지고 그래야 원래 암호화폐가 지향했던 본격적인 탈중앙화의 세상으로 진화할 수 있는 것이다. 그러나 이미 지적했듯이 완전한 탈중앙화는 가능하지도 않고 반드시 바람직한 것만도 아니다. 대리인 비용이 과도한 것은 문제이지만, 인공지능이 대리인 역할을 수행하도록 고안하면 과거 대리인들의 고질적 문제를 해결할 수 있을 것이다. 적어도 진화하는 알고리즘을 통제할 수 있는 다른 알고리즘이 지속적으로 업데이트된다면 가능한 일이다.

암호화폐의 출현으로 가능해지는 분산화, 탈중앙화의 기구들은 과거와 분명 다른 방식으로 업무를 수행한다. 고객의 돈을 보관하지 않으며, 직접 당사자들 간의 거래가 가능하도록 지원하는 데 프록시 토큰[20]이나 자산 또는 탈중앙화된 다서명 에스크로 시스템[21]을 활용한다. 구체적으로 중앙화된 거래소에서는 고객의 자금을 대가로 플랫폼 위에서 자유롭게 거래될 수 있는 일종의 IOU를 발행하고 자금을 인출할 경우 다시금 암호화폐로 변환되어 소유주에게 보내진다. 대조적으로 분산화된 거래소의 대표격인 비트스퀘어, NXT, DEX 등은 향

---

[20] 프록시는 컴퓨터 네트워크에서 다른 서버로의 자원 요청을 중계하는 서버로, 분산 시스템의 구조를 단순화하고 캡슐화하여 서비스의 복잡도를 줄이는 역할을 한다. 프록시 토큰이나 자산은 이러한 프록시를 이용한 토큰이나 자산을 의미한다.

[21] 구매자와 판매자 간 신용관계가 불확실할 때 상거래가 원활히 이루어질 수 있도록 제3자가 중계하는 매매보호 서비스로, 법률적 용어로는 조건부 양도증서를 의미한다. 또 전자상거래의 결제대금 예치를 의미하기도 한다. 따라서 다서명 에스크로 시스템이란 거래를 위해서는 여러 명의 서명(인증)이 필요한 에스크로 시스템이라고 할 수 있다.

후 더욱 개발되어 투자자들의 돈을 투자자 개인이 스스로 관리하는 방식으로 발전하는 데 기여할 것으로 보인다.

변화 3
미래의 은행은 무엇을 해야 하는가

투자가 이루어지기 위한 재원들을 동원하고 배분하는 방식은 금융의 핵심적 과제다. 은행이 아니더라도 누군가 어떤 방식으로든 기능을 수행해야 한다. 은행이 핵심 기능을 제대로 못하는 경우 이를 대신할 다른 신뢰 주체가 은행과는 다른 모습으로 부상할 것이다. 아마도 지금의 은행들 위주로 이루어지지는 않을 것이다. 전통적인 은행업의 기본 토대가 서서히 허물어져 가기 때문이다. 이것이 지금의 은행들이 이러한 변화를 읽고 생존을 위한 탈바꿈을 해야 하는 이유다. 미래의 금융기관은 데이터 기반의 탈중앙화 지배구조를 장착한 소자본의 개방 플랫폼 형태로 발전할 것으로 예상된다. 이를 굳이 은행이라고 한다면 글로벌 차원의 위기를 세 번 겪었으니 '은행 4.0'이라고 불러야 할 것이다. 제2차 세계대전 이후의 은행이 금본위제에서 벗어난 법정화폐 시스템 기반인 은행 2.0이었다면, 2008년 위기 때문에 발표된 도드 프랭크 법안Dodd Frank Act 이후의 은행 3.0을 거쳐 지금의 은행은 디지털 혁신을 반영한 새로운 모습으로 변화하고 있기 때문이다.

전형적인 채널: 은행이 채널을 제공할 것이다.

인터넷 생태계의 뱅킹: 은행 업무는 깊이 내장되어 있다.

은행산업의 변화(자료: Celent)

결론적으로 은행이 사라지더라도 은행 기능을 수행하는 다른 형태의 조직이 작동하게 되며, 사회는 보다 유기적으로 연결되고 서로가 서로에게 영향을 주고받는 분산 네트워크의 특징이 뚜렷해질 것으로 전망된다. 컴퓨터에서 서버와 클라이언트 구조가 바뀌듯이 공급과 수요처가 분리되는 구분은 점차 사라질 것이다. 개인 스스로가 은행의 역할을 수행하는 모습도 가능해질 것이다. 다면적 시장의 모습이 본격적으로 뿌리내리는 것이다.

은행이 사라진 세계는 공룡이 사라진 생태계와 다를 바 없다. 공룡이 사라진 생태계에서는 다른 식물과 동물들이 나타나 번성하고 진화했다. 앞으로 은행이 사라진 생태계에서 보통 사람들이 주인 역할을 해나가는 세상은 과연 가능할 것인가? 미래에는 은행의 모습은 물론 사회구성원들과 연결고리도 상당히 많이 변할 것이다. 개인은 연결된 개인으로 변모하고, 프라이버시는 더욱 중시될 것이고, 모든 결정은 개인들이 직접 스스로 하는 구조가 될 것이다. 사회적으로도 공공 부문의 지도적 역할은 퇴조할 것이고, 개개인의 독자적 권한 행사가 더욱 중시될 것이다. 또한 개인이 주변과 맺는 관계도 과거와는 달라질 것이다. 어디에 속해 있는지가 반드시 지연과 학연에 얽매일 필요가 없다. 연결된 네트워크 위에서 개인의 모든 것이 결정될 것이다.

은행이 사라진 미래는 과거의 독점적 지위가 점차 약화된다는 뜻이고 이는 신뢰 체계 자체의 분산화를 의미하게 된다. 신뢰토대가 분산화되었다고 해서 반드시 과거보다 좋아진다고 할 수는 없다. 오히려 중앙화 시스템이 원래의 취지대로만 움직이고 유지될 수 있다면 그보다 편리한 시스템은 없을 것이다. 그러나 중앙화, 독점화의 경향이 대규모의 피해로 이어지는 걸 우리는 경험하고 있다. 돈이 모이는 곳에 도둑이 꼬이듯이 정보가 모이는 곳에 해킹이 일어날 수밖에 없다. 따라서 분산 환경이 네트워크 기반의 보안 차원에서는 더 나은 선택이라고 할 수 있다. 그러나 다른 한편으로는 분산 시스템이 위기 상황에 빠졌을 때 전체적인 조율을 포함한 구제 노력은 쉽지 않을 수 있다. 따라서 위험 관리 차원에서 분산과 비분산 조직 가운데 무엇이 더 나은지는 사전적으로 판단하기 어렵다. 그럼에도 단일 장애 지점Single pointe of failure이 다수의 취약성을 허용하는 경우보다 관리상 어려운 것은 분명하다.

금융 서비스와 소비자 금융 거래 패턴의 본질적 변화

마이크로소프트Microsoft의 빌 게이츠Bill Gates가 일갈한 바와 같이 은행이 사라진다고 금융 서비스가 사라지는 것은 아니다. 여전히 여유자금은 장롱보다 용처가 있는 사람들에게 연결되어 미래의 수익으로 연결되어야 의미를 가진다. 그런데 이러한 선순환 구조가 분열되면 저축은 휴지 조각으로 변하기 마련이다. 그래서 정작 심각한 이슈는 초연결 환경에서 어떻게 자금을 돌리는지의 문제다. 금융 거래의 속성상 이 부분은 그동안 특별하게 구분되고 취급되어왔다. 그러나 현재의 환경에서는 일반 상거래와 본질적으로 통일된 시각에서 금융을 볼 수 있게 되었다. 일반 고객들이 상품과 서비스를 고르듯이, 일반 상거래에 참여하는 사람들이 하던 방식과 동일하게 가치의 흐름을 이루어낼 수 있기 때문이다. 더 이상 은행은 고객과 계좌 정보를 독점하는 주인의 역할에 안주할 수 없다.

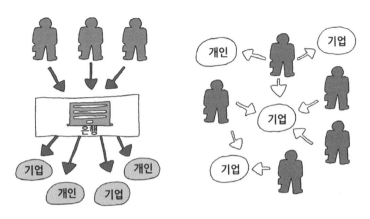

금융 서비스의 변화

　우리가 물건을 사는 방식, 시장에 가는 이유, 그리고 모든 결제 방식이나 평판 관련 의견 수렴도 완전히 다른 방식으로 이루어질 수 있다. 앞으로의 수평적 연결은 과거에 연결을 만들어주었던 중간자의 역할을 불필요하게 만든다. 따라서 중개인의 역할을 중심으로 근본적 변화가 예상된다. 거래소나 브로커 딜러들의 역할도 상당한 변화가 불가피해진다. 실로 촘촘한 연결이 가져다줄 미래는 완전히 다른 모습일 것이다. 서로가 서로를 필요로 하는 노드로서 인간은 한없이 미약하지만 동시에 무엇보다도 강력한 힘을 발휘할 수 있게 된다. 결국 우리는 인간 존재에 대해서도 새롭게 깨닫게 될 것이다. 이와 같이 초연결 환경은 경제 주체뿐 아니라 시장과 기구, 모든 존재들의 역할과 가치를 재구성하고 재판단하게 하는 근간을 제공한다. 세상을 흔드는 이러한 엄청난 힘은 연결에서 나온다.

　초연결은 과거에 익숙했던 우리들의 이해 체계마저 완전히 뒤흔들고 있다. 친구 사이나 직장, 공동체에서의 관계도 이전의 모습과 사

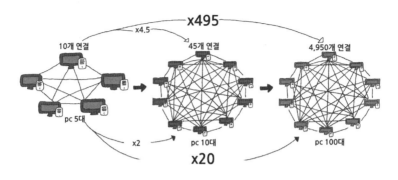

네트워크 효과
(자료: Carl Shapiro · Hal R. Varian (1999): 『Information Rules』, Harvard Business Press.)

못 다르다. 사람들의 사고방식도 일견 인센티브 추구라는 점에서는 일맥상통하지만 그 방식은 전혀 달라졌다. 소소한 물건 하나를 구입할 때도 소셜미디어를 접한 후 판단한다. 의견을 형성하고 소통하는 방식도 해시태그(#)가 주요 통로다. 그들만의 소통이 충분히 가능해졌고, 모두가 자유롭게 형성되는 공동체의 일원으로써 자신만의 가치를 만들고 확산시킬 수 있다. 이러한 모든 활동의 인센티브로서 암호화폐는 필수 요건이다. 과거와 같이 중앙통제적 법정화폐로만 구동되는 세상보다 훨씬 활력 있고, 신뢰 체계 역시 코인의 가치를 통해 수시로 점검받을 수 있는 새로운 세상이다. 소위 와해적 재구성을 통해 가치가 만들어지는 기반이 단단해지면서 시스템 자체가 달라졌다. 그러니 과거와 같은 마케팅 전략으로는 성과를 기대하기 어렵다. 내밀한 연관관계까지 파고드는 고도의 데이터 분석과 예측, 빅데이터 분석은 이제 옵션이 아닌 필수가 되었다.

모바일 네트워크가 가져다준 초연결 환경은 이같이 데이터를 기초로 한 면밀한 분석을 요구한다. 그리고 이 모든 이해의 바탕은 연결된 부분을 어떻게 다루는지에 달려 있다.[22] 연결고리가 튼튼하고 넓고 촘촘할수록 네트워크 효과는 커진다. 다들 시장을 넓히기 위해 안간힘을 쓰는 이유가 바로 네트워크 선점 효과를 눈치챘기 때문이다. 초연결은 지급결제 분야를 비롯해 우리의 일상생활을 근본적으로 바꾸고 있다. 일례로 미국의 금융 분석 프로그램 켄쇼KENSHO는 고액 연봉의 애널리스트가 40시간 걸리는 보고서 작업을 단 5분만에 마무리할 수 있다. 인공지능 빅데이터 기술 덕분이다.

괴거 미약했던 개인들이 이세 막강한 권력을 행사할 수 있는 집단으로 변모했다. 이제 서비스나 물품을 공급자가 일방적으로 제공하는 방식이 아니라, 우리의 취향을 적확하게 꿰뚫는 고객 중심의 방식이 생존 역량으로 인식되고 있다. 고객들의 변화무쌍한 니즈를 제대로 파악하고 충족시키지 못하면 일순간에 시장이라는 무대에서 사라지게 된다. 일종의 데이터 레이어layer가 추가된 시장 구조라고 볼 수 있다.

---

22 최공필 · 서정희, 『빅데이터 4.0』, 개미, 2017.

변화 4
종이화폐가 필요할 때도 있다
: 화폐 다양성과 공존

종이화폐는 미래에 구시대 유물로 취급될 가능성이 높지만 실은 매우 큰 장점을 지닌 신뢰 수단이기도 하다. 정부라는 신뢰 주체의 개입으로 한 장의 얇고 가벼운 종이가 신뢰를 얻고 이를 기반으로 지불 결제의 수단으로 활용될 수 있기 때문이다. 종이화폐는 암호화폐처럼 여러 노드들의 참여로 진위 여부를 확인하는 검증 과정 같은 것도 필요 없고 각자 알아서 활용하면 되는 편리한 수단이다. 그러나 국경 너머 거래를 할 때나 화폐를 들고 다녀야 하는 상황은 디지털 세상에서 분명 성가신 면이 있다. 앞으로 암호화폐의 활용도는 점차 높아지겠지만 그렇다고 해도 위의 이유들과 간편성이라는 특징 덕분에 종이화폐는 시간이 지나도 사용될 것으로 보인다.

디지털화의 추세에서 유의할 점은 접근성의 새로운 장애요인이 사회구성원들에게 편향되게 던져진다는 점이다. 젊고 디지털 문화에 익숙한 계층에게 현재의 기회는 너무도 좋고 흥분되는 혁신임에 틀림없지만 다수의 장년층 및 노년층들에게는 불편함과 독선으로 비칠 여

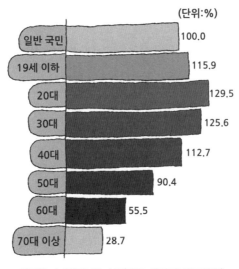

(단위:%)

일반 국민	100.0
19세 이하	115.9
20대	129.5
30대	125.6
40대	112.7
50대	90.4
60대	55.5
70대 이상	28.7

연령별 디지털정보화 수준(자료: 한국정보화진흥원)

지가 충분하다. 그만큼 디지털 전환에서 다른 측면을 고려한 균형 잡힌 시각과 안목을 견지하는 것이 중요하다. 획일적인 강요나 선택할 기회의 축소는 독재나 독선의 횡포이기 때문이다. 적어도 기술의 발전이 사용자 인터페이스User Interface, UI나 사용자 경험User Experience, UX 측면에서 차별이 생기지 않을 정도가 되어야 접근성에 따른 차별 문제를 해소할 수 있다. 따라서 기술 발전의 초기 단계일수록 접근을 할 때 형평성 저하 문제는 전담 부서나 부처의 업무로 상시 모니터링 되어야 한다.

노년층의 정보격차 문제는 심각한 수준이다. 한국정보화진흥원의 「2016 디지털 정보격차 실태 조사」 보고서에 따르면 만 55세 이상의 장년층, 노년층의 디지털정보화 수준은 전체 국민의 54퍼센트 수준에 불과했으며, 70대 이상의 경우 28.7퍼센트 수준으로 심각한 정

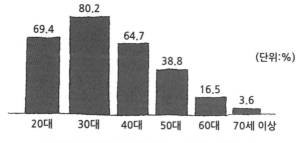

연령대별 인터켓뱅킹 이용률(자료: 한국인터넷진흥원)

보격차를 나타냈다. 또한 만 55세 이상 장년층, 노년층의 인터넷 이용률도 59.3퍼센트로 일반 국민의 인터넷 이용률 88.3퍼센트에 비해 29퍼센트포인트 낮았다. 게다가 스마트폰은 57.2퍼센트만 가지고 있는 것으로 나타났다. 이는 일반 국민의 스마트폰 보유율 85퍼센트보다 27.8퍼센트포인트 낮은 수준이다.

금융의 경우 아직도 은행 지점을 방문하고 통장을 지니고 다니면서 일일이 검토하는 사람들이 많다. 인터넷이나 스마트폰으로 은행 거래를 하는 온라인 뱅킹이 확산되고 있지만, 60세 이상 이용률은 바닥에 가깝다. 한국은행에 따르면 인터넷 뱅킹을 이용하는 고객 중 60세 이상은 8.5퍼센트뿐이다. 이는 60세 이상이 전체 인구에서 차지하는 비율(19.1퍼센트)의 절반도 안 되는 수치다. 게다가 스마트폰을 이용하는 모바일 뱅킹은 60세 이상의 경우 5.7퍼센트로 더 낮은 것으로 나타났다. 2015년 한국인터넷진흥원의 「연령별 인터넷 이용 실태 조사」에서도 60대 가운데 인터넷 뱅킹을 이용하는 비율은 16.5퍼센트, 70세 이상은 3.6퍼센트에 그쳤다. 30대(80.2퍼센트)나 40대(64.7퍼센트) 이용률과 비교하면 차이가 현격하다.

눈이 침침하고 컴퓨터 사용이 불편한 계층에게도 동일한 금융서비스가 제공되려면 사회적 비용의 분담 차원에서 다양한 플랫폼과 인터페이스 개발을 의무화해야 한다. 고객층을 잘게 나누어 빅데이터로 필요한 고객들만 선별하는 영업전략은 사회적 관점에서 균형 있게 수정되어야 한다. 수익 창출의 근원이 연결된 개인에게 있다면 디지털 친숙도에 상관없이 연결된 네트워크상의 모든 노드들에게 개별적인 접근으로 수익을 추구하는 행위에 대해 일정 부분 외부성 비용을 전가해야 한다. 즉, 이윤 추구 행위조차 다른 사람이나 사물과 촘촘히 연결된 개인을 대상으로 이루어진다면 수익의 일정 부분은 당연히 네트워크 외부성으로 귀착되는 만큼 추가 비용 발생을 인식시켜야 한다.

원칙은 간단명료하다. 수익 창출의 기반에 대한 정당한 인식과 보상 체계가 확보되고 적용되어야 도덕적 해이를 완화할 수 있으며 그래야 양극화나 일방적 착취 구조에서 벗어날 수 있다. 법정화폐도 종이만이 주는 까칠한 질감을 선호하는 일부에게 여전히 정당한 수단으로 남아 있어야 하는 이유다. 선택의 기회는 누구에게나 고르게 주어지는 것이 타당하며 일정 수단이 다른 수단보다 우월하다고 해도 어느 누구에게도 강요할 수 없다. 다양한 언어와 인종이 존재하기에 각각의 영역과 다양성이 유지되는 것처럼 화폐도 다양성이 공존하게 되면 점차 각각 고유의 영역이 생기면서 새로운 화폐 생태계가 구축될 것이다.

역사를 보면 우리는 선과 악이 공존하는 구조에서 지속가능성을 구현해왔다. 악이 없는 선이 존재하지 못하는 것처럼 암호화폐가 거래되고 취급되는 거래소를 중심으로 각종 버블과 사기가 판을 치고 있는 상황이다. 안타까운 점은 중앙화 기구의 한계다. 부가 모이고 정보가 모이면 냄새가 나고 파리 떼가 몰리는 것이 당연한 이치다. 탈중앙화는 이러한 중앙화의 한계를 극복하려는 몸부림이다. 기존의 세상을 움직여왔던 정교하고 과도할 정도로 많은 재원들이 몰려 있는 바로 그 시스템, 우리가 세금으로 유지해고 있는 바로 그 시스템이 촘촘히 연결된 디지털 초연결 환경에서 그 적합성을 잃어가고 있다. 일을 처리하는 방식에서부터 누가 어떠한 서비스를 만들고 제공하는지에 대한 모든 기본적 이슈들이 다시금 검토되어야 하는 상황이다. 그만큼 연결된 세상은 우리 모두에게 상당한 변화를 요구한다. 그런데 기득권들은 그 변화의 의무를 다른 구성원들에게 전가하고 있다. 그래서 정작 변화해야 할 상층의 지배구조는 오히려 더욱 공고하게 다져지고 있으며 변화의 기본 기술인 블록체인은 그들의 위치를 강화하기 위한 시장지배적 수단으로 활용되고 있다. 결국 기술은 그것을 활용하는 주체들이 누구이며 무엇을 추구하는지에 따라 밝은 미래를 여는 도구가 될지, 아니면 우리 모두를 더욱 속박하는 수단으로 전락할지 결정될 것이다.

변화 5
사회적 가치창출의 토대를 위한 암호화폐

암호화폐를 투기의 대상으로 보는 시각은 연결로 필요해진 화폐 분야의 새로운 수요를 크게 간과한 과거의 프레임이다. 모바일 기기가 본격적인 소셜네트워크 구축의 확장 도구로 활용되면서 유비쿼터스 네트워크와 인터페이스가 본격적인 가치창출의 기반임을 인식되고 있다. 이러한 신개척지를 발굴하고 가치를 만들어가려는 노력은 바로 암호화폐에 기반을 두고 있다. '왜 법정화폐는 이러한 용도에 적합하지 않을까' 하는 질문은 법정화폐의 발행과 관리 주체가 법적 토대에 기초한 신뢰 기구라는 점을 간과하고 있다. 법으로 부여받은 신뢰는 아무렇게나 활용할 수 없다. 당연히 검증되고 안전한 영역으로만 접근이 제한될 수 밖에 없다. 이를 극복하기 위한 정무적, 정책적 배려가 얼마나 많은 혼선과 부작용을 초래하고 있는지 우리를 포함한 세계시민들이 톡톡히 경험하고 있다. 그래서 초연결 환경에서 연결이 불가피해진 다양한 영역, 특히 소외 지역이나 가상현실Virtual Reality, VR, 증강현실Augmented Reality, AR 등 새롭게 엮이는 영역까지 금융 서비스를 제공하는 것은 과거 방식으로는 어렵다.

첫째, 기존 기득권들이 새로운 세상을 알아가는 데는 분명한 한계가 있기 때문이다. 세대 간의 격차 외에도 디지털 친숙도 면에서 큰 차이를 인정하지 않을 수 없다. 기득권들이 변화를 만드는 것이 아니라 새롭게 진입하는 젊은 피가 혁신을 주도하고 세상을 바꾸는 것이다. 둘째, 새롭게 만들어지는 세상의 가치창출 기여도는 과거 산업의 기여도를 훨씬 상회한다. 그래서 4차 산업혁명이 강조되고 있으며 디지털 전환이 시대의 과제로 부각되고 있는 것이다. 셋째, 문제는 다양한 인구 구성상 모두가 디지털 드라이브에 동참하는 것은 불가능하다. 각자가 선호하는 방식과 매체가 존재하므로 이를 충분히 고려한 사용자 중심의 인터페이스와 소비자 보호 차원의 기본 인프라가 준비되어야 다수의 동참이 가능해진다. 지금은 이러한 대변혁기의 초기 상황이다. 매우 혼란스럽지만 방향은 분명하다. 다수가 동참해야 변화도 지속 가능하며 사회구성원들 간의 갈등 요인도 관리할 수 있다. 그렇기 때문에 디지털 전환 과정의 편리함과 안정성을 지켜내기 위한 분야의 투자는 아무리 강조해도 지나침이 없다. 소위 디지털 인프라 투자는 개방형의 토대 위에서 이루어지는 것이 바람직하다. 기득권들의 시장 지키기는 참여를 제한시킬 수 밖에 없으며 자체적 이해관계 조율이 쉽지 않기 때문이다. 누구나 참여할 수 있는 개방형 공적 플랫폼 기반 위에서 새로운 역할을 모색하는 것이 바람직하다. 단순히 이러한 연결이 다양하고 균형 있게 이루어질 수 있도록 도와주는 기술적 투자뿐 아니라 이를 수용하기 위한 법과 규제 차원의 투자도 포함한다. 그리고 국가와 같은 특정 주체가 이러한 변화를 주도하거나 독

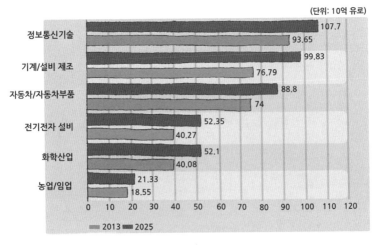

독일의 인더스트리 4.0을 통한 산업별 부가가치 총계 변화 전망(자료: KOTRA)

려하기보다 민간에서 스스로의 변화를 만들어가는 생태계가 가장 중요하다. 공동체 차원의 가치를 추구하려면 최소한의 공감대가 확보가 되어야 하는데, 바로 이를 구현하는 능력이 경쟁력이다. 그렇기 때문에 소위 사회적 발전 정도나 의식 수준이 중요한 것이다. 사회구성원 간의 합의 수준이 어떻게 결정되는지에 따라 이루어낼 수 있는 가치의 폭과 규모가 크게 달라진다. 가족 차원의 합의는 언제든 가능하지만 공동체 차원의 합의 도출은 쉽지 않다. 이해관계가 다르기 때문이다. 이를 잘 조율해서 만들어가려면 일정 수준의 사회적 자본social capital이 형성되어야 하고 이는 기본적 신뢰구조를 따른다. 지금처럼 다양한 의견이 조율되지 않은 채로 국회에 상정되는 상황에서는 사회적 자본의 축적을 기대하기 어렵다. 더욱이 일방적인 의사결정이나 지시 하달 방식은 그야말로 사회적 자본을 파괴하는 요인이다. 그래서 블록체인의 공감대 형성 방식은 일반 대중과 민간에 시사하는 바가 크다. 열심히 성실하게 일하는 사람들이 제시하는 작업증명은 공감대 형성의 핵심 요소다. 연줄이나 지연, 학연이 아닌 성실하게 일하는 사람이 대접받는다는 사회적 믿음이 모든 결정의 핵심적 요소로 강조될 필요가 있다.

사회구조 또는 가치 토대는 초연결사회의 가치창출에서 가장 중요한 부분이고 이를 구현해내는 인센티브가 바로 암호화폐. 기존 체제가 수직적 토대를 바탕으로 한 가치창출에 주력했다면 지금의 탈중앙화 블록체인은 수평적 연관을 촉진하는 기능을 수행한다. 가로와 세로가 만나야 견고한 토대가 이루어질 수 있다. 그러나 수직적이든 수평적이든 특정 방식의 토대 위에서 모든 가치가 창출될 수는 없다. 따라서 암호화폐의 성격을 면밀히 검토하지 않고 그저 또 다른 토큰으로 생각해서 단기 투기 목적으로 접근하는 것은 완전히 잘못된 인식이다. 암호화폐는 연결된 세상의 가치창출에 필요한 다양한 준비를 가능케 하는 인센티브이고, 중앙에서 통제할 수 없는 자생적 인센티브 구조를 가져야 한다. 항상 시장에서 평가받고, 그러한 인센티브가 자체적 활동 방향을 제시하는 민간 중심의 화폐적 기능 수행을 해야 한다.

모처럼 새로운 공간이 기술과 참여로 움직이는 다양한 영역에서 만들어지고 있다. 국경으로 나뉘고 국가별로 평가받는 구도가 아니라 공동체 차원에서 새롭게 가치가 구현되는 세상이다. 모바일 디바이스, 프로파일 기법, 개인화 서비스 등 새로운 영역을 만들어가는 노력은 경제적 인센티브 없이 불가능하며 이는 오로지 민간 신뢰기반의 네트워크 화폐인 암호화폐를 통해서만 지탱될 수 있다. 이 모든 움직임의 핵심은 기술적인 면을 자랑하는 것이나 기존 영향력을 행사하는 것이 아니라 다르게 재편되고 있는 새로운 세상에서의 신뢰를 성실하게 얻어내려는 노력이다. 신뢰 없는 가치창출은 불가능하다. 따라서 스스로 신뢰를 얻기 위해 어떤 행동과 판단을 하는지에 따라 암호화폐의 가치가 결정되는 것은 당연한 결과다.

암호화폐를 통한 새로운 가치창출 위해 무엇을 해야 하는가

지금까지 암호화폐를 통해 일어날 변화들을 여러 관점에서 살펴보았다. 이제 암호화폐를 통한 새로운 가치 창출을 위해 무엇을 해야 하는지 살펴보겠다. 우선 암호화폐의 가장 중요한 메시지를 다시 떠올려보자. 그것은 바로 연결된 환경에서의 적절한 보상 체계라는 인센티브일 것이다. 이 인센티브는 법적으로 보호된 주체가 만들어진 것을 나누는 보상이 아니라 같이 만들어가는 참여형 가치에 기반을 둔다. 기존 시스템의 작동 방식과 수단으로는 이를 적절하게 평가하고 보상해줄 방법이 없다. 평가는 자의적일 수밖에 없고, 구분이 애매해지는 노사 간의 협의로 평가에 합의한다고 해도 그들만의 평가이지 사회 전반의 공감대에 기초한 것으로 보기 어렵다. 모든 것이 서로 의존하는 상황에서 얼마만큼의 기여가 이루어졌는지 등을 평가하는데 기존 체제는 분명 한계가 있다. 법정화폐의 발행과 관리 주체는 법정화폐 기반의 경제활동이 아니라면 합법적인 것으로 인정하기 어렵기 때문이기도 하다. 그러나 가치창출은 엄연히 법정화폐 기반의 세상 바깥에서도 가능하다. 넓어진 시공간에서 민간 주체들 간의 가치 교환을 기반으로 전개될 수 있는 다양한 가능성을 애써 부정할 이유는 없다. 다만 사회적 합의하에 세원으로서의 발굴과 파악에 관한 원칙을 이끌어내야 한다. 복잡다단한 인센티브를 구현해내는 수단으로서 암호화폐 기반의 가치창출 체계가 필요하다. 물론 그들만의 가치가 보다 넓은 세상의 가치로 인정받으려면 더 확실한 검증의 과정을 거쳐야 한다. 암호화폐의 종류만큼이나 다양한 각종 프로젝트의 평가 결과는 암호화폐 자체의 가치와 직결된다. 암호화폐를 범사회적 실험에 관한 범사회적 평가 시스템으로 간주할 수 있는 이유다. 연결된 세상에서 상상할 수 있는 모든 활동에 대해 그들만의 가치와 전반적 사회구성원들의 인정이 교차되는 영역이 커질수록 그들만의 가치는 보편적 가치로 발전할 것이다.

암호화폐를 통해 앞으로 기존과 다른 방식의 가치창출을 도모하는 데 몇 가지 중요한 원칙을 도출해볼 수 있다.

첫째, 암호화폐는 새로운 경제활동을 가능케 하는 평가와 인센티브의 기능을 수행한다. 확장성의 핵심인 네트워크 효과의 가장 밑바닥에 존재하는 사람들의 참여가 경제적으로 제대로 평가되어야 한다. 비용 절감만 생각하면 로봇을 이용한 생산이 이득이겠지만 누군가의 소비를 지탱할 소득 흐름이 위축되면서 가치의 연결고리가 상실되는 상황에서는 의미 없는 원가 절감이기 때문이다.

보다 다양한 경제활동에 참여할 기회를 다수에게 보장하기 위해서는 지금까지 법정화폐 기반의 규제 세상에서 드러나지 않았던 연결고리를 암호화폐를 활용한 인센티브 대상으로 파악하고 발전시키려는 노력이 절대적으로 필요하다. 여기서의 연결고리는 수직적이고 중

양통제적인 생태계에서 눈에 띄지 않는 사업 기회를 뜻한다.

시장에 참여할 기회는 미리 정의되고 정교하게 다듬어져 제한되어 있는데 이를 사전적 규율이 아닌 자발적인 참여와 검증의 과정으로 대체해야 한다. 시장 참여자들 스스로의 판단과 객관적 견제, 모니터링 시스템으로 공정 경쟁의 환경이 지켜져야 한다. 이와 같이 암호화폐는 초연결 환경에서 경제활동을 지탱하는 가장 기본적인 인센티브 단계로 간주할 수 있다. 실제로 암호화폐는 중앙집권적인 과거 방식의 배분 구조를 각자의 기여가 평가되는 구조로 바꿀 수 있다. 상실된 연결고리의 회복과 극단적 양극화를 극복하는 일은 법정화폐만으로는 불가능하다. 반면 암호화폐는 다면적 시장의 다양한 연결고리를 만들어내고 이에 기초한 적절한 보상을 통해 선순환이 이루어지는 생태계를 구축할 수 있다.

둘째, 암호화폐는 초연결 환경에서 합당한 평가에 기초한 효율적 자원 배분을 가능케 한다. 우리의 인식 체계와 법적 토대는 크게 넓어질 여지가 있다. 적절한 보상과 더불어 노동시장에 참여할 기회는 누구에게나 보장되어야 한다. 특히 지금까지 금융은 소수의 허가받은 자들에 의해 유지되고 발전되어왔다. 그런데 이러한 시스템의 효율성은 연결된 환경에서 더 이상 적합하지 않고, 포용되지 못하는 다수의 문제를 해결하기에 역부족이며, 그들만의 세상으로 남아 있는 상황은 정치사회적 불안 요인으로 떠올랐다. 그동안 우리는 법적으로 인정되는 비좁은 영역에서의 참여를 위한 인센티브에만 집착해왔다. 상실된 연결고리를 정부의 역할로 메꾸는 인위적인 방식보다는 시장 참여에 대한 기여에 따라 엄밀하게 보상이 이루어지는 선순환 구도가 마련되어야 한다. 한 예로 초연결 기반 마이크로 지불 플랫폼은 이러한 변화를 위한 인프라다. 별도의 연결을 위한 노력 없이 필요한 것들을 직접 연결할 수 있는 플러그앤플레이Plug and Play가 자유로운 상황에서 가치 창출의 평가와 보상은 사회적 합의 기반 프로토콜에 의해 이루어지기 때문이다. 개방적인 환경에서는 연결 가능성이 높아지는 만큼 책임 소재의 파악이나 위험관리 체계에 대한 논의는 암호화폐가 만드는 세상의 전개 방향에 결정적인 영향을 미친다. 얼마나 잘 이해하고 준비하는지에 따라 최근의 기술 주도 변화의 수용 정도가 결정될 것이다.

따라서 기술적으로 다른 옵션이 가능해진 초연결 환경에서의 탈중앙화는 세상을 중앙화, 집중화의 폐해로부터 균형을 되찾아주려는 복원 차원에서 이해하는 것이 타당하다. 그 주역은 당연히 민간이며 대상 역시도 민간이다. 각종 규제와 법적 틀에 대한 타당성도 이러한 측면에서 재조명되어야 한다. 권역별로 구분되고 별개로 관리되는 현행 법 체계에서, 그리고 일정 수준의 자격 요건을 명시하는 구도 아래에서 참여는 소수에게 제한될 수밖에 없다. 사회 전반의 안정과 공정한 경쟁 환경을 해하지 않는 원칙 아래에서 진입 장벽을 최대한 낮추는 노력이 병행되어야 한다.

셋째, 연결된 만큼 넓어진 세상에서의 가치창출을 현실화시키려면 상당한 규모의 디지털 인프라 투자와 더불어 관련 법과 규제를 포괄적으로 도입해야 한다. 우선 보상과 참여가 보장되는 전제 조건 아래에서 새로운 세상을 만들어가는 데 필요한 인프라 투자가 필요하다. 누구에게나 공평한 환경을 만들어가려면 적절한 탈중앙화를 균형 있게 키워낼 수 있는 지배구조는 물론 클라우드와 데이터 관련 인프라는 필수 요건이다. 동시에 탈중앙화, 분산화된 가치 교환decentralized exchange을 위한 다방면의 투자가 절실하다. 특히 과거 방식이 아닌 분산형 참여가 구현되려면 이에 걸맞은 인프라가 반드시 필요하다. 가급적 개방되고 저렴한 서비스가 다방면에서 제공되는 것은 필수이며, 이때 정부나 소수 엘리트가 인프라 구축을 선점하거나 주도하는 것은 경계해야 한다. 무엇이든 폐쇄적이고 가두어진 곳에서의 호기심이나 열망은 더욱 크게 과장되기 쉽다. 우리나라의 거래소나 전자지갑과 같은 가상세계 인프라는 세계적 추세에 편승하여 급속히 늘어난 암호화폐 관련 수요를 제대로 처리하기에는 준비가 덜 되었다. 이미 수년 전부터 지적되어온 가상세계에서의 활동에 관한 전반적인 입장 정리가 다소 지연된 측면이 있다. 성장 패러다임, 역사적 배경, 관료 체제에 대한 의존이 복합적으로 작용한 탓이다. 문제는 이제부터다. 일단 암호화폐의 투기 열풍으로 불안 요소가 확대되는 걸 막아야 한다. 그러나 지금 현실의 틀 안에서 암호화폐 수요를 억제시킬 수 있는 수단을 구하기는 쉽지 않다. 이미 법적 영역 바깥에서 이루어지는 부분이 많기 때문이다. 따라서 시행령이나 관용적 자세로 시장 분위기를 관리해야 하는데, 이 또한 혁신으로 새로운 성장 동력을 발굴해야 하는 전략적 고려를 무시하기도 어렵다.

　　대응하기 매우 어려운 과제임에 틀림없다. 투자와 관련해서 딱히 범법적인 것도 없고 잠재적 가능성에 대해 법적 규제의 틀을 적용하는 것도 매수자 위험 부담 원칙에 맞지 않는다. 그래서 건전성 차원의 규율이 차선책으로 보인다. 몇 가지 원칙은 사회적 공감대 형성에 큰 어려움이 없을 것이다. 상호호환성interoperability과 지속 가능성을 제고하기 위한 가이드라인이나 법적 틀에 관한 글로벌 공감대 형성이 절실하다. 자신의 선택이 알게 모르게 주변의 피해로 연결될 개연성이 큰 상황에서는 기본적인 가이드라인에 관한 합의와 엄격한 처벌 체계가 필수다. 가상세계나 현실세계 모두 현 시대의 구성원이므로 동일한 법적 대상으로 간주하는 것이 타당하다. 그렇치 못할 경우 심각한 규제차익 문제는 물론 각종 양극화 심화로 국가적 경영 자체가 어려워진다. 대표적으로 본인확인규정 및 자금세탁방지의무규정 부분에 관해서는 국경을 막론하고 가상세계와 현실세계에 공히 적용하는 원칙 합의가 조기에 이루어져야 한다.

넷째, 글로벌 차원의 협의 기구 및 지배구조 확충이 절실하다. 현재의 초연결 환경에서 국익 중심의 지배구조는 세계 시민들의 복지 향상에 분명한 한계를 보이고 있다. 양극화는 글로벌 차원에서도 더욱 심해지고 있다. 따라서 현재의 느슨한 G20, 금융안정위원회Financial Stability Board, FSB 등의 기구가 아니라 구속력 있는 세계적 연방 기구의 설립을 통해 법정화폐와 암호화폐의 타당성을 범세계적으로 조율하려는 노력이 필요하다. 물론 이러한 노력을 주도할 주체나 인센티브를 단기간에 찾기는 쉽지 않다. 그러나 정부 주도의 디지털화폐나 민간 중심의 암호화폐가 동시에 존재할 가능성이 높으므로 관련 기구나 가이드라인 차원의 준비는 절대적으로 필요하다. 집중화와 분산화가 혼합된 연방 체제federated system라는 절충적이고 발전적인 지배구조가 보다 정교한 모습으로 정착될 때까지 적어도 지금은 공동체 차원의 다양한 실험들을 수행해야 한다. 새롭게 펼쳐진 시장에서는 공급자 위주의 시각에서 출시되는 제품이나 서비스에 대해 모두가 원하는 것인지 시장 검증이 절대적으로 필요하기 때문이다. 또한 가치창출의 기반인 데이터의 수집과 활용, 가공에 관한 주인들의 생각을 조율해 나가야 한다. 아무리 좋은 서비스라도 개인의 프라이버시가 희생된다면 차라리 좀 더 불편하고 고생스러운 편이 나을 수 있다. 만인이 스스로의 주인이라는 기본 명제는 기술이 아무리 발전되어도 지켜져야 하는 대원칙이다. 초연결 세상에서는 개개인이 세상의 주인이기 때문이다.

이 책의 가장 중요한 메시지는 우리 사회에서 기존 지배구조의 분산과 공유의 개념에서 출발한 탈중앙화, 분권화, 균형 회복 차원의 노력이 매우 중요하며 지속 가능성 측면에서 불가피한 선택이라는 점이다. 초연결 환경하의 미래 모습은 너무도 많은 움직이는 요소들에 기반을 두고 있어서 예측이 거의 불가능하다. 사회구성원들의 집단적 지성과 지혜를 믿는다면 기존의 인류 사회보다 발전된 모습으로 다가올 것이다. 그러나 민초들이 주인의식을 가지고 적극적으로 참여하지 않는 한 세상은 더욱 심각한 통제사회로 전락할 것이며 개인의 진정한 자유는 요원해질 것이다. 모처럼 환경이 선사해준 기회를 활용해 사회구성원들 모두가 적극적으로 참여해 균형 있는 사회를 만들어야 한다. 세상이 넓어지고 연결된 만큼 국가의 운영방식이나 철학도 변해야 한다. 세계 시민의 관점에서 가급적 지리적 위치에 관계없이 동일한 서비스를 향유할 수 있는 여건을 국가 간의 협의와 조율을 통해 미리 조성해야 한다. 모처럼 열리기 시작한 우리 모두의 기회를 과거에 갇힌 생각과 태도로 가로막을 수는 없는 일이다.

4장

새로운 생태계를 위해
우리는, 정부는
무엇을 해야 하는가

우리는, 정부는 어떻게
사고방식을 바꿔야 하는가

    세상에 변하지 않는 것은 없다. 심지어 한때 금과옥조로 간주되었던 것들조차 시간이 지나고 환경이 바뀌면서 개혁의 대상으로 취급되는 경우가 허다하다. 특히 암호화폐의 기반인 블록체인의 도입과 더불어 우리는 다방면에서 과거와는 다른 발상의 전환을 요구받고 있다. 통상적으로 우리는 창조적 파괴를 논하면서 기존 체제의 와해와 새로운 체제의 도입을 동시에 요구한다. 그러나 차분히 살펴보면 우리의 레거시 체제를 송두리째 버릴 이유는 없다. 그저 그렇게 보이게 되는 핵심적 요소를 변화시키면 보다 조화로운 진화의 도구로서 역할을 수행할 수 있다. 탈중앙화의 추세 속에서도 중앙화된 조직은 여전히 필요하다. 다만 무대의 정면이 아니라 눈에 띄지 않는 위치에서 조용하지만 강력하게 역할을 수행하게 된다. 네트워크의 효과는 연결이 만들어내는 네트워크의 구조에 따라 달라지며 결국 네트워크의 구조도 전반적인 사회구성원들이 원하는 방향으로의 변화가 불가피해진다. 과도한 중앙화의 비효율성이 탈중앙화로 개선되는 것은 분명 좋은 일이지만 시간이 지나면 이러한 추세가 새로운 형태의 중앙화로 이어지기 쉽다. 그러나 이러한 중앙화된 새로운 주체가 공정한 경쟁 환경이나 소비자 보호 차원에서 위협 요인으로 부각되는 순간 사회적 차원의 견제가 작동할 것이다. 이러한 발전적 수정이 없으면 집중으로 인한 피해에서 우리는 자유롭지 못할 것이다. 이것이 끊임없이 중앙화되려는 속성과 이를 모니터링하고 견제하려는 노력이 병행되어야 하는 이유다.

가장 자유로운 혁신이 가장 폐쇄적인 시스템에 소개되었을 때 어떤 반응을 기대할 수 있을지는 단순한 학문적 관심 이상의 중요한 시사점을 던진다. 결론적으로 우리나라의 기존 생태계는 어쩌면 미래의 대비를 어렵게 할 수도, 아니면 완전히 새로운 멋진 생태계를 이끌어가는 데 중요한 역할을 할 수도 있을 것이다.

우선 걸림돌 역할을 하게 될 가능성을 짚어보자. 기득권이 기존의 시각에만 집착할 때 미래는 어두워진다. 자체적인 타당성만 따져본다면 기존 체제는 법적 흠결성이 상대적으로 적으며 세상을 온건하게 바라보는 자세로 하루가 다르게 변하는 세상의 흐름에서 오히려 믿음을 줄 수 있다. 그러나 변하는 세상을 변하지 않는 자세로 일관하는 것은 중대한 피해로 이어질 수 있다. 암호화폐나 암호화폐를 기반으로 전개되는 다양한 활동에도 당초의 탈중앙화, 탈중개화의 기본 원칙과는 달리 누군가의 감독과 견제, 그리고 리더십이 필요하기도 하다. 그러나 이러한 판단은 탈중앙화 기반의 가치창출이 어느 정도 가능하고 탄력을 받을 때 타당하다. 우리나라의 경우 정부 주도 및 중앙집중적 시스템으로 성장해온 결과, 탈중앙화 기반 위에서 민간이 무엇을 만들어낼 수 있을지에 대한 시장의 신뢰는 매우 낮은 수준이다. 법적으로 애매한 영역에 쉽게 뛰어들 민간 주체들은 많지 않다. 사업을 시작한다고 해도 머지않아 불법으로 규정될 가능성이 있다면 누구라도 제대로 활동하기 어렵기 때문이다.

현재 우리는 미래를 위한 법과 제도적인 준비가 결여되어 있다. 이는 앞으로도 상당 기간 탈중앙화의 추세가 시장에 자리 잡고 있는 기득권들 위주의 프라이빗 블록체인 쪽으로 구체화될 가능성이 커진다는 의미다. 실제로 암호화폐를 취급하는 거래소나 암호화폐 자체에 관한 규제가 여러 가지로 미흡하거나 불충분한 점은 암호화폐가 보다 넓은 신뢰토대를 구축하는 데 심각한 장애 요인으로 지적되고 있다. 원칙적으로 암호화폐 자체에 대한 규제는 근거를 찾기 어렵다. 현재로서 암호화폐는 우리나라의 법 체계하에서 자본시장과 금융투자업에 관한 법률에서 정하는 금융투자상품의 법률적 요건조차 갖추지 못하고 있다. 그렇다고 법과 규제 영역에서 벗어난 치외 지역의 활동으로 방치할 수도 없고 일관된 규제의 틀을 적용하기도 어렵다. 매우 어려운 과제임에는 틀림없다. 그러나 암호화폐로 구동되는 세상에서도 기본적인 원칙은 지켜져야 하므로 최소 수준의 규칙이나 가이드라인 정도는 자체적으로 마련되는 것이 바람직하다. 기존 법적 신뢰 주체의 역할이 허용되지 않는 공간에서 벌어지는 다양한 거래를 방치할 경우 가상세계에서의 독점화와 반反경쟁 구도는 더욱 심화될 수 있다. 이는 가상공간에서도 결국 누군가의 모니터링과 간섭이 필요함을 시사한다.

2018년부터 본격적으로 암호화폐 거래소에 대한 규제를 위해 전자금융거래법 개정안 등이 마련되고 있다. 그러나 가상공간과 실제 사이의 연결고리 관련 규제 외에도 세금 문제나 소비자 보호 문제 등 현재의 입법 활동은 이제 시작에 불과하다. 다만 기존의 법 체계에서 서로 연결된 활동에 대해 법규를 적용하는 데 상당한 어려움이 예상되므로 가급적 원칙 위주의 공감대 형성과 이를 위한 자율 규제나 가이드라인과 같은 기존과는 다른 접근이 필요하다. 즉 기존의 법 체계에서 암호화폐에 관한 법적 규정은 기존의 틀에서 벗어난 포괄적인 시각이 견지되어야 하기에, 보다 합리적 수준의 의견 수렴과 법적 적용이 필요하다. 현재 단계에서 무리한 법적 해석은 암호화폐가 키워낼 생태계의 발전을 저해하는 요인이 될 수 있기 때문이다. 따라서 투자자 보호 차원에서 정부가 할 수 있는 일은 관련된 위험 요인을 최대한 잠재적 투자자들에게 숙지시키는 일이다. 이를 거래소나 기타 공공기관에서 자발적으로 적극 홍보함으로써 관련 생태계가 과도한 규제 감독의 대상이 되지 않도록 노력하는 것도 중요하다

우리나라는 미래 도약에 필요한 인프라 서비스 면에서 어느 나라보다도 탄탄하다. 다만 서비스 공급의 주체로서 보다 많은 참여자들을 끌어들이려는 개방된 자세로 전환하는 것이 중요하다. 기존과 같이 소수의 주주 이익을 우선시하는 자세는 실상 '무엇이 주주 이익에 도움이 되는가'라는 질문으로 전환되기 쉽다. 이미 수차례 지적한 바와 같이 주주 이익의 극대화는 결국 수익 창출이며, 이는 변화된 환경의 비즈니스를 확대하는 것 외에는 방법이 없다. 디지털로 변환되는 세상의 추세 속에서 기존 인프라의 핵심을 쥐고 있는 금융결제원이나 한국예탁결제원의 서비스는 앞으로 구현될 모든 서비스에 반드시 들어가야 할 핵심 요소다. 앞서 지적한 본인확인규정 준수나 자금세탁

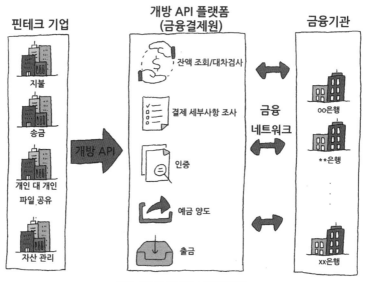

개방 API 모델(자료: 금융결제원)

방지의무규정 서비스도 그중 하나이다. 새로 서비스를 시작하는 핀테크 스타트업에서 신원 확인과 자금 세탁과 관련한 서비스를 자체적으로 구비하는 것은 무리다. 그러나 모든 금융 서비스에 이러한 절차는 의무 사항이다. 따라서 기존 인프라가 일종의 개방 플랫폼으로 이러한 서비스에 접근할 수 있도록 하면 윈윈 전략으로 발전할 수 있다. 우리나라만의 독특한 지배구조가 신성장에 걸림돌이 될 수도 있지만, 덕분에 많은 참여자들이 필수적인 금융 서비스 인프라의 혜택을 누리게 될 수도 있는 것이다. 예를 들어 금융결제원은 소액 결제와 관련한 제반 서비스를 API로 제공하면서 핀테크업체들의 시장 진입을 돕고 있다. 물론 인프라 자체도 API 접근 서비스로 인한 수수료를 받을 수 있기 때문에 기존 기업과 신규 진입 기업 모두에게 좋은 선택이다. 이와 같이 현재의 변화는 기존의 것을 없애기보다는 시대나 상황에 맞도록 변화시키는 힘으로 해석하는 것이 바람직하다. 같이 협업해서 만들어 가는 변화는 미래 성장의 원동력이자 토대다. 이는 기존의 소수 엘리트가 아닌 민초들이 주인 역할에 나서는 긍정적 차원의 변화다.

새로운 신뢰토대 구축을 방해하는 레거시 법·규제 체계

연결된 세상에서 신뢰토대는 어떤 모습일까? 이전에는 법적으로 부여받은 신뢰 주체로서의 역할과 토대가 분명히 정의되었고 사회적으로 인정되었다. 그러나 연결된 환경에서 신뢰 주체는 특정 주체로 정의되기가 원천적으로 힘들다. A와 B가 연결되었다는 것은 연결 정도에 따라 그 구분을 하는 것이 어렵다는 뜻이다. 그래서 연결로 초래되는 변화에 대해 법과 규제의 측면에서 쉽사리 판단을 내리기 어려운 한계가 있다. 이러한 상황에서 정부는 '모든 것을 내주는 친절한 어머니'보다 '규율 있는 강인한 유태인 부모' 같은 역할로 바뀌어야 한다. 무엇이 가능하고 권장되며 무엇이 그렇지 않은지에 대한 판단은 더 이상 정부만의 몫이 아니다. 자율규제, 자기 책임하의 해석 등보다 자율적인 판단의 비중이 높아질 수밖에 없다. 따라서 정부는 개별적인 이슈의 관리 책임보다는 생태계 건전성을 유지하면서 개인의 프라이버시 보호나 소비자 및 투자자 보호라는 대원칙의 준수 여부에 모든 역량을 집중해야 한다. 가치창출의 방식이나 참여자들의 의사에 대한 개입이나 규제는 가급적 최대한 줄여나가면서 누구나 금융 포용의 영역에서 배제되지 않도록 역할을 수행해야 한다. 정부가 알고리즘 기반으로 디지털 카르텔을 방지하고 데이터의 수집, 가공, 활용에 대한 가이드라인을 발표하여 모두가 새로운 가치창출의 원동력을 제공하면서 혜택도 누리는, 사용자 중심의 패러다임 전환을 지원해야 한다. 즉, 비트코인 블록체인의 신뢰 구축 방식을 우리의 생활 면면에 적극적으로 도입해야 한다는 것이다. 이제는 특정 주체가 이끌어가는 방식이 아니라 깊숙이 스며드는 노력으로 승부해야 하는 환경이기 때문이다.

우리의 정치 체제가 민주주의라고는 하지만 실제 개인들의 의견이나 조그만 의사 표시라도 결정 과정에 반영되는 것은 쉽지 않다. 대개는 사회적 이슈가 되어야 비로소 법 제정의 움직임이 가시화되며, 이슈를 만들기 위해 다양한 방법이 동원되고 있다. 그런데 이러한 공감대 형성 과정에서조차 재원의 규모에 따라 의견이 왜곡되고 제대로 전달되지 못한다. 의견들은 각종 이익단체와 시민단체를 통해 다져져야 비로소 빛을 보기 때문이다. 우리 사회는 철저히 중간 과정과 매개인들의 역할 없이는 의견 표현이 불가능한 중앙화된 시스템이다. 이는 탈중앙화를 가능케 한 초연결 환경에서 기대하는 민주주의와는 정반대의 모습이다. 그런데 이제 사라져가는 개인들의 목소리를 표현해낼 수 있는 다양한 방법들이 점차 구현되고 있다. 블록체인 기반 위에서 이러한 시도는 단순한 가능성 차원을 넘어선다. 보통 사람들의 목소리가 제대로 반영될 수 있도록 사안별로 대리인을 선정하고 관리하며 활동 상황을 모니터링 할 수 있는 액체 민주주의liquid democracy가 이러한 시도라 할 수 있다.

　거대한 변혁기에서 가장 두드러지는 정부의 역할은 조정 과정의 관리다. 우리나라의 경우 충격 흡수 기능이 가장 돋보인다. 다만 지나칠 정도로 소극적인 자세로 일관하면서 기득권과 기존 체제를 유지하는 역설적인 모습을 보이기도 했다. 각종 양극화 문제를 해결하기 위한 재정의 역할 제고나 각종 적폐 청산을 위한 인사 청탁 문제의 시정 등은 상황의 심각성을 반영한다는 차원에서 수긍이 가는 부분이다. 그러나 미래 지향적인 메시지는 전혀 반영되지 못하고 있다. 그러한 점에서 우리나라의 미래와 관련한 생태계는 열악하다. 사실 당국도, 시장도 암호화폐 시장이 발달하는 데 필요한 준비는 매우 소홀했다. 특히 기술과 규제가 균형을 맞추면서 새로운 생태계를 조성하는 것이 중요한데, 두 결정 요소들 간에 엇박자가 생겼고, 보다 근본적으로는 레거시 체제로 인해 암호화폐가 화폐적인 관점에서만 투영되는 한계에서 벗어나지 못했다. 탈중앙화를 추구하는 민간 주도의 화폐 기능에 대한 보다 본질적인 차원의 공감대는 거의 형성되지 못한 것이다. 게다가 현재의 법적, 규제적 틀 안에서 새로운 것을 해석하는 데 한계를 보였고 이를 종합적으로 논의할 수 있는 조정 능력이 정부 부처에는 결여되어 있었다. 즉, 암호화폐를 건전한 투자 대상으로 간주하기에는 법이나 규제와 관련해 충분한 준비가 부족했고 거래소 관련 주변 여건도 제대로 관리되지 못했다. 이는 본질적으로 새로운 방식이 사회적으로 인식되는 과정에서 대응과 여력이 미비해 초래된 결과다. 무엇보다도 도입 초기에 가상세계에서의 가능성을 제대로 판단할 객관적 기준이나 기구가 부족한 상태에서 가치평가가 제대로 이루어지기 어려우므로, 투자 시에는 각별한 위험을 인식해야 하며 당국은 소비자 보호 차원에서의 경고를 강화할 필요가 있다. 그러나 그와 동시에 가상세계의 잠재적 가능성은 무시되어서는 안 되며 건전한 투자 및 지급 수단으로서 발전할 수 있는 여건도 공정한 경쟁 차원에서 이루어지는 것이 타당하다. 지금은 당장의 문제를 진정시키면서 생태계적 관점과 인센티브의 측면을 보다 강조해야 하는 상황이다. 여기에는 시간이 필요하며 사회 공감대에 기초한 균형 잡힌 노력이 절실하다. 따라서 향후 대응의 핵심은 가상세계를 포함한 공정한 경쟁 환경의 조성이며 이를 위해서는 기존 생태계 위주의 법과 규제의 틀을 포용적으로 전환시켜야 한다.

최근 가상화폐 관련 논쟁에서 우리나라의 주요 결정 과정과 그와 관련한 지배구조의 폐쇄성이 드러났다. 거래소 관련 이슈가 본격적으로 다루어지기 전만 하더라도 암호화폐나 관련 인프라 문제는 깊이 다루어지지 못했다. 일부 이슈화는 되었지만 본격적인 사회적 문제로 부각되기 전에는 규제나 대응 측면에서 매우 소극적인 차원을 벗어나지 못했다. 실제로 암호화폐 문제가 본격적으로 다루어지기 시작한 것은 소액 송금 관련 핀테크 육성 차원에서 비금융 주력자에게 길을 터주려는 움직임이 가시화되면서부터다. 그러나 정작 이슈 검토 시 드러난 국내 규제 체계의 문제점에 대해 관련 부처들의 관할 법령 문제 조율이 어려워지면서 매우 부분적이고 기존 법 체계에서 연장된 차원의 미온적 조치만 강화되었다. 지금까지 시행령이나 무제재확인서no action letter 위주로 조치가 취해지다보니 기본법과 상충되는 측면이 자주 부각되었으며 핀테크 육성을 위한 조치들도 정작 사업을 구상하는 사람들에게 전혀 도움이 되지 못하는 결과로 이어졌다. 현재의 자본시장법 시행령에 따르면 특정 금전을 신탁할 때 투자자의 자필 서명을 받아야 하기 때문에 투자자들이 오프라인으로 금융사를 직접 방문하지 않으면 컴퓨터나 스마트폰으로 계약을 할 수 없도록 되어 있다. 이로 인해 로보어드바이저robo-advisor[23]업체들의 비대면 일임 서비스가 확장되는 데 한계가 있었으나 2017년 말 일부 검증된 업체들을 대상으로는 해당 서비스 제공을 허용한다는 발표가 나왔다. 그러나 이러한 조치에도 특정 규모 이상의 자본금과 인력 및 이해 상충 방지 체계에 대한 요건이 있어 아직 업체 입장에서는 진입 장벽이 높다.

블록체인의 경우에도 정보가 일단 기록되면 사실상 삭제가 불가능한 특성이 있는데, 현재 신용정보의 이용 및 보호에 관한 법률(신용정보법)은 개인의 연체 정보를 5년이 지나면 삭제하도록 하고 있어 현행법과의 충돌이 불가피하다. 블록체인 육성이 우선인 금융 당국은 이러한 블록체인의 특징이 신용정보법 위반인지 논의하고 있으나 유권해석을 내리지 못하고 상황을 지켜본다는 방침이다. 전문가들은 중앙집중 관리 체계에 초점을 맞춘 현행법을 분산화된 특성을 지닌 블록체인에 적용하기 어려운 점을 지적하고 있다. 자본금 규정이나 전문인력 요건 등 일정 요건을 갖추면 영업이 가능한 상황에서 현재의 거래소 관련 여러 지적들은 예견된 인재라고 보는 것이 맞을 것이다.

---

[23] '로봇robot과 전문 자산운용가를 의미하는 어드바이저advisor의 합성어다. 컴퓨터 인공지능으로 이루어진 소프트웨어 알고리즘으로, 투자자가 맡긴 자산을 대신 운용하거나 투자자 자산운용을 자문해주는 서비스를 말한다.(출처: 한국정보통신기술협회)

디지털 기반의 새로운 가치창출의 가능성이 다양하게 점쳐지는 상황이지만 기존의 틀 안에서 이러한 변화를 해석함에 따라 관계 법령의 부분적 수정 이상의 대응이 불가능해졌다.

경험이나 이해가 제한적인 상황에서 쏟아지는 기술적 혁신의 산물을 여과 없이 접하는 것도 다수에게는 상당한 위험 요인이므로 최대한 사회적 공감대 형성 차원에서 이를 걸러내는 것이 중요하다. 다만 이러한 자정 노력은 균형적인 시각으로 생태계를 키우는 관점에서 견지될 필요가 있다. 당장의 부분적 과열이나 혼란을 막고자 하는 조치들의 경우 불가피한 측면이 있으나 사전에 생각해서 대응할 수 있는 부분은 시간을 두고 관계 부처들의 협력과 민간들과의 대화가 반드시 필요하다. 지금은 전적으로 정부 중심으로 대책이 조율이 되고 있다. 보다 광범위한 대화가 전제되어야 한다. 중앙집권적인 시스템과 탈중앙화 시스템의 조화로운 운영은 바로 이러한 공감대 조율 과정에서 구체화되기 때문이다.

문제는 우리 사회에서 이러한 기능을 수행할 주체를 찾을 수 있는지 여부다. 선진국들의 경우 상당 부분 자체적인 조율 과정이 어느 정도의 사회적 공감대 위에서 허용되고 존중되는데 우리나라의 경우에는 관료 조직의 압도적 우월성이 견지되어온 상황이라서 독자적 의견 개진은 거의 불가능하다. 탈중앙화라는 엄청난 추세가 우리나라에서 전개되기 어려운 이유는 이러한 문화적, 역사적 배경 때문이다. 상부 지배구조에서는 별말이 없는 조용한 상황을 선호하기 때문에 논쟁의 대상이 되는 것조차 부담스러운 면이 있다. 따라서 틀 밖에서 의견 개진이 진행되더라도 이를 틀 안에서 조정하고 조율하는 것은 매우 어려운 상황이다. 이러한 여건은 민간들의 사고방식을 제약한다. 그러니 정권이 바뀔 때마다 가치 체계의 획일적인 조율이 시도되는 것이다.

민간의 인식의 틀이 제한적이고 의식 역시 일정 수준에서 강요되고 있기 때문에 안정 위주의 정책 프레임은 어쩌면 당연한 결과다. 시장 자체에 대한 믿음이 제한적이고 이를 보완하려는 정부의 정책 개입이 당연시되는 상황에서 정부의 문제 인식과 대응 체계는 전적으로 민간의 의식 수준을 반영하는 것일 수밖에 없다.

당연히 사회적으로 거론될 정도의 문제가 아닌 경우 개입은 지연되고 정책이 만들어지고 적용되는 시점은 실기를 거듭한다. 사회적 조율 과정이 최선이 아닌, 심지어 차선도 아닌 결과로 되풀이되어 귀착되는 것은 분명히 문제다. 관료조직이 정책 대응의 주체로 인식되고 있는 데다가, 관료조직의 성과 보상 체계는 문제를 만들지 않거나 단기적 성과에 치중되어 있다. 골치 아픈 다면적 조율과 공조가 이루어지기 대단히 힘든 구조다. 핵심적인 이슈에는 소극적이고, 문제가 커져야만 나서는 고질적인 근시안적 접근이 고착화된 지 오래다. 이러한 대응 구조하에서 새로운 가치창출의 가능성만 제시되는 가상세계와 암호화폐에 대한 시각은 당연히 부정적으로 흐를 수밖에 없으며 세계적인 추세에 발맞추기 위한 4차 산업혁명 드라이브는 시장과 별개의 구호로 전락하기 쉽다.

유인에 부합하는 인센티브를 설계하여 중장기적 관점으로 조율하는 것은 지금의 추세에 대응하는 데 항상 지켜져야 할 원칙이다. 현재로서는 판단하기 어려운 복잡다단한 현상을 제대로 이해하려면 상당 기간의 참여와 시도가 반드시 필요하다. 다양한 시도가 활성화되는 과정은 필수다.

향후 정부는 블록체인과 관련해 과거와는 다르게 접근해야 한다. 2018년 서울시 노원구에서 블록체인과 코인 개발에 선도적인 모습을 보인 것은 매우 고무적이다. 그러나 이러한 시도가 정부 부문의 주도로만 채워지는 것은 바람직하지 않다. 궁극적으로 블록체인을 주도할 주체는 민간이다. 물론 현실적으로 신뢰기반이 구비되지 않은 민간인이 스스로 무언가를 시작하기는 어려울 것이다. 그러나 기존 신뢰 주체에 의존하여 사업을 시작할 경우 그것이 탈중앙화 기반 플랫폼 기업이라고 해도 결국 중앙화의 구조를 답습하게 되며 이는 연관을 극대화하기 어려운 구조로 발전할 수밖에 없다. 가치창출의 가장 핵심적 요소가 연관이라면 이러한 연관을 극대화하기 위한 기반이 과거의 획일적인 상부하달식의 파이프라인이 아니라 플랫폼이어야 하는 점에는 이견의 소지가 적다. 다만 플랫폼을 개방형으로 할지 아니면 허락을 받아야 하는 폐쇄형으로 해야 할지는 쉽게 판단하기 어렵다. 다양한 형태의 조직이 다양한 방식으로 생존하는 건강한 생태계를 키워나가는 것이 중요하며 이를 위해서는 모니터링이 지속되고 더욱 강화되어야 한다. 과거와 다른 점은 모니터링이 특정 주체의 전유물이 아니라 생태계 구성원 모두의 책무라는 점이다. 분산 시스템의 특성을 무시한 과거 방식의 집착은 가치창출 엔진의 작동을 저해할 수밖에 없다. 특히 우리나라는 그동안의 성장 패러다임 특성상, 성장에 특화된 관료 중심적 규제 환경으로 인해 민간 주도의 참여가 생각보다 쉽지 않았다. 그러므로 이러한 환경적 변화를 염두에 두어야 비로소 블록체인이 성장할 수 있는 여건이 성숙될 수 있다.

정부는 암호화폐를
어떻게 인식하고 규제해야 하는가

우리나라에서 핵심 정책을 결정하는 과정은 질곡에 갇혀 있다. 이는 전통적인 관료 중심 사회의 유산이다. 이러한 유산은 그동안 우리나라의 눈부신 발전을 이끌어내는 데 핵심적인 역할을 했지만, 지금의 초연결 환경에서는 문제의 인식이나 대응 방식 면에서 상당한 문제점을 드러내고 있다. 이런 문제가 발생한 건 기본적으로 초연결 환경의 연결고리를 이해하고 대응하는 역량 자체가 결여된 상태로 기존 시스템 위에서 해법을 추구해왔기 때문이다. 세월호 참사나 제천 화재 같은 뼈아픈 경험 역시 연결된 위험에 단절된 대응만을 거듭한 결과다. 최근 암호화폐 거래소와 관련된 정부의 대처를 보면, 새로운 것에 대한 대응 또한 상당한 준비가 필요하다는 것을 알 수 있다.

현재 우리 금융 당국은 정부가 암호화폐를 공인해줄 수는 없다며, 암호화폐 거래를 권하지 않는다는 공식적인 입장을 고수하고 있다. 다만 암호화폐 거래소 운영을 유사수신 행위로 취급하는 가칭 '유사수신행위 등 규제 법안' 등을 작업 중에 있다. 현재 암호화폐 거래소는 '전자상거래 등에서의 소비자 보호에 관한 법률'이 적용되어 온라인 쇼핑몰처럼 통신판매업자로 신고만 하면 운영이 가능하다. 금융위원회는 암호화폐를 금융이 아닌 유사수신으로 보지만, 이미 거래가 활발히 이루어지고 있기 때문에 최소한의 장치를 마련해야 거래소를 운영할 수 있도록 하겠다는 입장이다. 암호화폐 거래소가 고객 자산의 별도 예치 등 소비자 보호 장치를 마련하고 본인 확인 절차 등 투명성을 높이는 기준을 지키도록 하여, 이를 어길 시 수사기관에서 처벌하도록 할 예정이다.

더불어민주당 박용진 의원이 2017년 7월에 '가상통화취급업(거래소 운영)을 하고자 하는 자는 금융위원회의 인가를 받아야 한다'는 내용의 '전자금융거래법 개정안'을 대표 발의했으나, 금융위원회는 금융 당국이 인가를 하게 되면 감독도 해야 한다며 개정안에 난색을

암호화폐를 둘러싼 각 부처, 회사의 입장(자료: 「연합뉴스」)

부처 및 회사	관련 법	입장
금융위원회	유사수신행위규제법	암호화폐는 화폐로 볼 수 없으므로 금융 당국 소관이 아니며 유사수신행위 및 불법 거래에 대해서만 관여한다.
금융감독원	유사수신행위규제법	불법행위 발견 시에만 경찰, 검찰에 수사 요청해 대응한다.
공정거래위원회	전자상거래법	암호화폐는 통신판매사업자에 해당하지 않아 규제 근거가 없다.
행정안전부	개인정보보호법	개인정보보호법에 따라 개인정보 문제만 담당한다.
과학기술정보통신부	정보통신망법	해킹 등 사이버 침해 문제만 대응한다.
암호화폐 거래소	없음	부처, 기관끼리 책임 소재 공방만 벌일 뿐 담당 부처가 없어 답답한 상황이다.

표했다. 2018년 1월 법무부에서는 '가상화폐 거래금지 법안'을 준비 중이며 거래소 폐쇄를 목표로 하고 있다고 하여 혼란을 가중시키기도 했다.

이러한 일련의 조치들은 일단 가상세계와 현실세계의 간극으로 발생한 불가피한 사회적 혼란을 막아보려는 의도로 해석할 수 있다. 특히 금융 안정과 소비자 보호라는 원칙을 지켜내야만 하는 정책 당국으로서 이러한 조치는 앞으로 취해질 다양한 노력의 일부에 불과하다. 단기적인 시장 안정을 위해 모든 노력을 경주하는 당국에 중장기적 암호화폐 관련 정책을 주문하는 것은 무리다. 전적으로 모두의 책임이자 의무이기 때문이다. 특히 모든 것이 서로 연관되어 정확한 책임과 역할 구분이 어려운 현실에서 정책 당국의 책임만을 강조하는 것은 불합리하다. 앞서 지적한 암호화폐의 근저에 깔려 있는 시스템의 불합리성과 중앙화 지배구조의 한계에 대한 대안을 마련하는 것이 올바른 정책 방향이지만 이를 일관적으로 주도할만한 주체를 찾는 것조차 쉽지 않은 일이다.

그만큼 현재의 이슈들은 과거의 문제 인식 체계에서는 제대로 파악하기 어려운 특징을 가지고 있다. 제대로 대응하려면 보다 심층적이고 포괄적인 이해가 필요하며, 설사 실체를 파악할 수 있다 하더라도 대응 방식이나 주체에 대한 면밀한 게임이론적 인센티브 구조가 뒷받침되어야 한다. 중앙에서 법적 지위 또는 권위로 통제하는 여건이 아닐수록 게임이론에서 말하는 인센티브를 보다 넓은 의미에서 신중하게 들여다봐야 한다. 암호화폐가 작동하는 세상에서의 인센티브나 프로토콜에 따라서 프로젝트의 확장성이 정해지고 바로 이러한 특징이 암호화폐의 가치와 직결되기 때문이다. 주어진 틀 안에서의 최적화는 전통적인 게임이론의 영역이지만 틀 자체를 제대로 설계하여 적절한 인센티브 구조를 장착할 경우 개인은 물론 사회적으로도 타당한 결과를 공유할 수 있다는 메커니즘 디자인mechanism design 차원의 인식이 강조될 필요가 있다. 우리가 공히 참여하는 게임을 어떠한 게임으로 해석할 것인가의 합의 수준에 대한 판단이 모든 의사 결정에 최대한 반영되는 것이 중요하다. 각자가 자신을 위한다는 인센티브를 중시하면서도 사회적으로 피해가 가지 않도록 하려면 매우 신중한 설계를 해야 하고 이를 공감대 수렴 과정을 거쳐 프로토콜로 정착시켜야 한다. 이를 토대로 다양한 가치가 만들어지고 나뉘는 구조가 바로 암호화폐가 구동하는 크립토경제cryptoeconomy의 본질이다.

'특정 암호화폐로 할 수 있는 일이 무엇인가?'라는 질문이 중요한 이유가 바로 여기에 있다. 만약 암호화폐의 적용 대상이 제한적이라면 가치도 커지기 어렵다. 반면에 원래 기대했던 이상의 외부성 효과까지 기대할 수 있을 만큼 반향이 클 경우 특정 암호화폐의 가치는 폭발적으로 상승할 것이다. 그렇다면 어떠한 프로젝트가 고안되고 제시되어야 하는지가 사실상 가장 중요한 과제다. 중앙정부의 허가 없이 이러한 다양한 노력들이 구체화될 수 있다면 허가를 얻는 데 쓰는 비용의 일부만으로도 세상을 뒤집을 수 있는 혁신적인 산물을 시장에 내놓을 수 있다.

이러한 이해가 바탕이 되지 못할 경우 우리의 노력은 개입이든 자유화이든 상당한 부작용을 수반할 것이 분명하다. 뒤늦게나마 우리는 우리와 주변을 제대로 이해할 수 있는 분석 도구와 사고의 틀을 발전시켜야 한다. 그 핵심은 개방과 협업이다. 즉, 연결된 세상을 제대로 이해하려면 처리 능력이 제한된 개별적 CPU보다는 블록체인과 같이 연결된 노드가 필수적이다. 이는 개방과 협업을 통해 지배구조 자체가 탈중앙화와 분산적 특징을 가져야만 한다는 점을 시사한다.

암호화폐의 특성은 탈중앙화와 분산화의 구조이기 때문에 암호화폐와 관련한 위험의 성격 역시 기존과는 다를 것이다. 이는 암호화폐에 대한 감독 역시 질적으로 달라질 수밖에 없다는 뜻이다. 특히 감독 및 규제 당국으로서는 가상세계의 발전을 그저 받아들일 수만은 없다. 법과 제도의 과잉보호가 문제가 되기도 하지만, 보호막이 없는 분야는 기본적인 원칙을 지켜내는 것조차 어렵기 때문이다. 그러나 분산화된 시스템과 그 위에서 돌아가는 암호화폐로 구현되는 세상을 현실세계의 법과 규제로 다루기는 굉장히 어렵다. 물론 여러 자체적 규율 기구의 설립과 운영 등이 논의되고 있으나, 공동체 영역 이상을 넘어가기는 쉽지 않다. 더욱이 상호호환성이 관건인 디지털경제에서 암호화폐로 돌아가는 시스템의 퍼포먼스는 쉽게 가늠하기 힘들다.

암호화폐 관련 세금 문제도 골치 아픈 이슈다. 정부로서는 암호화폐의 법적 성격이 명확치 않아 세금 부과에 명확한 입장을 제시하기가 어려운 실정이다. 다만 국세청에서는 2015년 말 화폐로 통용되는 경우 부가가치 과세 대상에 포함되지 않으나 재화로 거래되는 경우에는 부가세 과세가 가능하다고 밝힌 바 있다. 소득세나 법인세의 경우 특히 초기코인공개ICO에 대한 과세 여부는 여전히 준비의 초기 단계에 머물러 있다. 소득 발생 시 소득에 대한 과세는 원칙적으로 가능하지만, 차익에 대한 양도소득세는 소득세법의 열거주의와 관련된 개정이 없는 한 현실적으로 어려울 것으로 보인다. 외국의 경우 대체로 암호화폐를 자산으로 인정하는 경향이 있으며, 따라서 미국·영국·호주·일본·독일 등 대부분의 선진국들은 암호화폐를 부가가치세가 아닌 양도소득 과세 대상으로 보고 있다.

이처럼 암호화폐는 변화된 환경에 필요한 화폐 자체의 혁명이라고 볼 수 있지만, 과거의 관점에서 판단하기 어렵고 따라서 구매자 위험부담 원칙의 시각에서 봐야 한다는 측면이 우선 강조될 수밖에 없다. 즉, 관련 규제에서는 미래의 잠재력을 평가할 수 있는 다양한 인프라가 미흡함을 인정하고 최대한 수용적인 태도를 강조해야 한다. 무엇인지 정확히 파악할 수 있을 때까지 일종의 면죄부를 허용해야 한다는 것이다. 현재의 페이스북과 같은 기업들의 경우 포스팅되는 내용에 대해서는 법적 책임을 묻지 않는 소위 세이프 하버 규정이라는 일종의 법적 유예 내지는 보호 장치가 없었다면 지금과 같이 크게 성장하지 못했을 것이다.

여러 번 강조했지만, 분산 시스템의 수용 여부나 그 정도는 전적으로 사회구성원의 합의에 근거해야 한다. 사회적 신뢰 구축 정도에

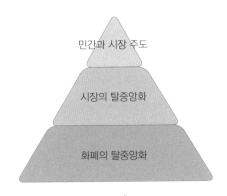

따라 기존 시스템과 대안 시스템의 비중은 달라질 것이다. 금융 안정과 소비자 보호 면에서 충분한 사회적 공감대 구축이 절대적으로 필요한 것은 아무리 강조해도 지나치지 않다. 암호화폐의 미래는 이러한 신뢰토대의 구축 정도나 여부에 달려 있다. 현재 시스템과의 조화로운 진화 과정을 거쳐 전체적으로 긍정적인 네트워크 효과가 확인되어야 디지털화폐 기반의 새로운 시스템이 작동할 것이다. 암호화폐 법안과 규제는 앞서 언급한 암호화폐의 사용으로 발생할 수 있는 여러 가지 문제점을 고려함과 동시에 금융 안정과 소비자 보호 측면에서 사회적 신뢰가 구축될 수 있는 방향으로 이루어져야 한다.

미국, 중국, 일본, 유럽은
어떻게 준비하고 있는가

2017년 말 암호화폐와 관련된 혹독한 홍역을 치르면서 규제에 대한 논의들이 무성했다. 문제는 암호화폐라는 현상에 규제 차원의 접근이 매우 어렵다는 점이다. 암호화폐와 연결된 다양한 영역에 대해 기존 체제의 법적 해석이나 판단 자체가 어렵기 때문이다. 기존 규제 체계에 억지로 포함시킬 경우 모니터링은 물론 다양한 법적 개입과 보호에 관한 추가적 노력이 불가피해지고 궁극적으로는 법과 제도의 영역 밖에 있는 이슈들까지 무리하게 법적 해석을 내려야 하는 부담이 있다. 그렇다고 마냥 상황이 성숙할 때까지 기다리기도 어렵다. 시장 참여를 위해서는 대략 어떤 방향으로 상황이 진전될지 가늠할 수 있어야 하는데 잠재적으로 불법으로 판단되어 시장 퇴출 대상으로 전락할 가능성이 있는 사업에 뛰어드는 참여자는 역선택의 위험을 감수해야 하기 때문이다. 이래저래 기술 환경과 연결이 가져다주는 변화로 인해 기존 시각에서 바라보는 금융 안정에 대한 이해는 뿌리째 흔들리고 있다. 그래서 당국은 더욱 신중해질 수밖에 없으며 건전성 차원의 규제를 외치는 시장의 목소리를 외면하는 듯한 인상을 주기 쉽다. 당장의 사업적 관점에서 보는 시각과 시장을 관리하고 키우는 입장에서의 시각은 점점 더 큰 차이를 보이게 되며 이러한 간극은 시장 불확실성을 확대한다.

우리가 많이 뒤처진 듯한 분야에서 주요 선진국들은 어떻게 대처하고 있는지 살펴볼 필요가 있다. 다양한 암호화폐가 출현하고 거래도 빠르게 확산되면서 미국과 일본 등지에서도 제도화가 논의되고 있다. 그중에서도 가장 선진적으로 대처하는 건 일본이라고 할 수 있다. 2014년 당시 최대 거래소였던 일본 도쿄의 마운트곡스가 파산하는 등 잇따른 비트코인 거래소 해킹 사고로 암호화폐가 실물화폐를 보완하는 역할을 할 수 있을지 회의론이 커지고 소비자 보호 이슈가 떠오르며 '자금 결제에 관한 법률(자금결제법)' 개정안이 국회에 제출되었고 2016년 5월 25일 통과되었다. 개정법에서는 암호화폐 교환 업자의 등록제를 도입했고, 교환업자에 대한 정보의 안전관리 의무, 업무의 일부를 제3자에게 위탁한 경우 위탁처에 대한 지도 의무, 이용자의 보호 등에 대한 조치 의무, 이용자 재산의 관리 의무(자신의 것과 분별 관리), 지정 분쟁해결 기관과의 계약체결 의무가 부과되었다. 또 내각총리대신에 의한 감독 규정과 벌칙 규정도 설치되었다. 더 나아가 2010년 4월 자금결제법이 시행되면서 환거래를 은행의 고유 업무로 규정했던 법 규제를 변경하여 은행 이외의 사업 회사 등도 환거래, 즉 자금이동 서비스를 제공할 수 있도록 했다. 또한 이용자 보호를 위해 은행 외 자금이동업자에 대한 규제, 즉 암호화폐 관련 규제를 포함시켰다. 일본의 자금결제법 제3장 2절에서는 자금이동업자의 공탁 의무, 환불 의무, 정보의 안전관리 의무 등 이용자 보호에 관한 규정을 두고 있으며, 자금결제법(제63조 12항, 제99~101조)에서는 암호화폐 교환업자 관련하여 금융 분야에서의 재판 외 분쟁해결 제도 Alternative Dispute Resolution, ADR를 마련하여 분쟁해결 기관과 계약을 체결하는 조치 등을 취해야 한다는 내용도 담고 있다. 또 일본의 자금결제법 제3장 3절에서는 자금이동을 관리·감독하는 데 필요한 상부서류 보전 의무, 보고서 제출 의무, 현장 검사, 업무 개선 명령, 업무정지 명령, 등록의 취소·말소 등에 관해 규정하고 있다. 또한 자금세탁을 방지하기 위해 계좌 개설 시 본인 확인을 엄격하게 실시하고 수취인의 사전 등록, 송금 목적이나 송금액에 따른 일정한 이용 제한을 두도록 하였다. 그리고 암호화폐에 대해서는 소비세를 폐지하고 거래 차익에 과세하는 방침을 마련 중이다.

미국의 경우에는 금융범죄단속네트워크FinCEN에서 암호화폐 중개업자에게도 자금세탁 방지 의무를 부과해야 한다고 명시한다. 즉 암호화폐를 취급하는 개인 및 법인의 등록을 의무화하고 고객 확인, 기록 보관 및 의심거래 보고 의무 등을 부과하는 것이다. 상품선물거래위원회는 암호화폐를 상품commodity으로 보고 접근한다. 상품선물거래위원회는 암호화폐 관련 혁신이 매우 빠르게 일어나고 있으므로 현재의 원칙들을 잘 이해하고 관련 규제 제정과 시행이 필요하다고 했으며, 암호화폐 가격을 기초자산으로 한 옵션, 선물상품의 출시는 상품선물거래위원회의 규제 대상이라고 했다. 은행감독협의회 Conference of State Bank Supervisors, CSBS는 태스크포스를 구성해 암호화폐 관련 활동을 중심으로 한 규제와 특정 비즈니스 활동에 대해 최소한으로 요구되는 허가 기준을 중점적으로 다루고 있다. 태스크포스에서는 새로운 결제수단에 대한 대중 및 산업 참여자, 정부 규제기관 등 여러 이해관계자들의 의견을 반영하여, 이를 기반으로 암호화폐와 관련된 활동은 허가나 감독을 받아야 한다는 정책을 채택했다. 그리고 이러한 생각을 바탕으로 주에서 허가하는 암호화폐 기업들에 대한 법적 허가, 소비자 보호, 시장 안정성, 자금세탁 방지, 사이버 보안 등의 내용을 포함하는 규제를 형성하고 있다. 이에 따라 표준 규제 체계 Model Regulatory Framework를 마련하여 이를 바탕으로 코인베이스가 미국 24개 주에서 인가를 받고 공인 비트코인 거래소를 개장했으며, 이를 재산으로 취급해 소득세를 부과할 방침이다. 또한 미국 국세청Internal Revenue Service, IRS은 암호화폐가 재화와 용역의 대가로 지급되거나 투자 목적으로 보유될 수 있음을 인지하고, 암호화폐의 매매나 교환 또는 암호화폐를 이용하여 현실세계에서 재화나 용역을 거래하는 경우 발생하는 조세 문제와 관련하여 거래에 대한 연방세 과세 지침을 발표하기도 했다.

미국에서도 암호화폐에 가장 선제적으로 대응하고 있는 뉴욕 주에서는 2015년 6월 자금세탁 방지, 이용자 보호 등을 고려한 종합규제 체계인 비트라이선스BitLicense를 마련하여 암호화폐 거래소는 영업 인가를 받아야 한다고 규정하고 있다. 이는 미국 뉴욕주 금융서비스국New York State Department of Financial Services, NYDFS이 관리 및 감독을 한다. 뉴욕주 금융서비스국은 승인 과정을 통해 각 거래소에서 거래 가능한 암호화폐를 지정하는데, 구체적인 사례로 2017년 1월 코인베이스 Coinbase에 비트라이선스를 발급하여 비트코인 거래가 이루어지게 하였으며, 이후 2017년 5월 추가로 이더리움과 라이트코인 서비스 제공을 승인했다. 그리고 영업 인가를 받은 자에게는 중요 위험, 거래 약관, 거래별 내역 등에 대한 고지 의무가 부과된다. 또한 사업자는 대차대조표, 손익계산서, 사업계획서 등 조항에 기재된 서류를 매 사업 분기 마감 후 45일 이내에 금융 당국에 제출해야 한다. 자금세탁 방지 프로그램을 통해 적용 가능한 모든 자금세탁 방지 관련 법, 규정 등을 지속적으로 지킬 수 있도록 설계된 시스템도 갖추어야 한다.

암호화폐를 코인과 토큰의 개념이 아니라 유틸리티 토큰과 시큐리티 토큰으로 구분하는 것이 최근의 동향이다. 기능적인 측면과 투자적 측면을 구분하여 현재의 규제 체계로 대응할 수 있다고 간주하는 것이 미국의 추세다. 유틸리티와 시큐리티를 나누는 것은 따로 법을 제정하지 않고 네트워크가 완성되어 효용성 있는 서비스를 제공할 수 있는지에 따라 구분이 가능하다. 만약 유틸리티적 성격이라면 굳이 규제의 틀 안에 넣을 필요가 없다. 놀이동산의 티켓과 다르지 않기 때문이다. 투자 목적이라면 증권 관련 법의 규율 대상이고 남의 돈을 관리하는 측면이 있다면 여러 의무도 부과된다. 그러나 많은 경우 판단이 애매하여 법적 논란의 대상이 되곤 한다. 관련하여 미국 의회에서 암호화폐 규제에 대해 발표한 코인센터Coin Center의 피터 반 발켄버그Peter Van Valkenburgh는 암호화폐를 두 가지 기준으로 구분하고 이 분류에 따라 차별화된 규제를 시행해야 한다고 했다. 하나는 화폐가 투자 가치를 제공하는지, 사용가치를 제공하는지에 관한 기준이며, 다른 하나는 화폐의 가치를 뒷받침하는 것이 네트워크인지, 아니면 발행인이나 발행기관인지에 관한 기준이다. 이 기준에 따르면 암

피터 반 발켄버그 기준에 따른 암호화폐의 구분(자료: Coin Center)

암호화폐	구분
비트코인	사용가치가 있고 네트워크 기반이다. (네트워크를 통해 거래 가능)
이더	결제 수단이 아니라 이더리움의 스마트 계약을 위해 공급된다. 소규모 핵심 개발자 그룹이 존재한다.
이더 선판매 토큰	사용가치보다 미래에 유용할 것이라는 투기적 목적으로 거래된 화폐. 토큰을 판매하는 사람에게 의존적이다.
미래 토큰을 위한 단순계약서(Simple Agreement for Future Tokens, SAFT)를 적용한 파일코인	특정 목적을 가지는 투자적 성격이다. 네트워크가 가치를 지니기 위해서 발행한 사람에게 의존적이다. 따라서 증권으로 분류되며 승인된 투자자들에게만 거래된다.
파일코인	파일코인의 가치는 파일코인 프로토콜에 컴퓨터를 연결한 사람들에 의해 형성된 네트워크로 뒷받침된다.
다오	SEC에 따르면 다오의 경우 코드를 작성하는 사람 즉, 증권 발행인이 존재하므로 발행인에 의해 가치가 뒷받침된다.

호화폐가 투자가치를 제공한다면 돈을 사용했을 때, 더 많은 돈을 제공받을 것이며, 사용가치를 제공한다면 돈을 사용했을 때 돈이 아닌 제품·서비스 등의 상업적 상품을 제공받을 것이라고 했다. 또 화폐의 가치를 뒷받침하는 것이 네트워크인 경우 중앙 기관이 아니라 이용하는 사람들 간의 네트워크 형성으로 화폐의 가치가 결정되고, 화폐의 가치를 특정 발행인 및 발행기관이 뒷받침하는 경우는 중앙집권적인 기업 또는 기관이 존재한다는 의미라고 했다. 이에 따라 각 암호화폐를 구분하고 구분에 따라 다른 규제를 시행해야 한다는 것이 발켄버그의 제안이다.

　유럽은 디지털통화 거래 모니터링을 위한 태스크포스 구성 결의안을 유럽연합 집행위원회에 제출했다. 이에 따라 유럽연합 집행위원

증권형 토큰 vs. 유틸리티형 토큰[24]

1. 중앙집중형 암호화폐의 경우

은행과 비은행을 포함한 환전 및 송금업무를 수행하는 업자, 즉 화폐 서
비스 비즈니스Money Service Business, MSB업자로 미리 등록을 하고 자금세
탁방지법과 의심거래 활동 보고 의무가 있음

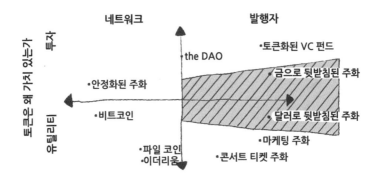

가치를 생성하는 것은 무엇인가

---

[24] 대체적으로 중앙집중형 암호화폐의 경우 디지털 자산에 대한 법적 소유권을 가지고 다양
한 거래가 가능한 증권형 토큰security token으로 간주되어 규제 당국에 미리 등록을 해야 하
고, 자금세탁방지법과 의심거래 활동 보고 의무가 부가된다.
한편 특정 발행인이 없고 채굴인들의 네트워크 참여와 블록체인 생태계에서 활용되는 디
지털 자산 성격의 하드코어 암호화폐의 경우에는 측정 서비스에 대한 인센티브 도구의 성
격을 가지는 유틸리티 토큰utility token으로 불리며 화폐 서비스 비즈니스 규율 적용 대상이
아니라고 본다.

2. 뚜렷한 발행인이 없고 채굴인들의 네트워크를 통해 가치를 확인받고 인정받는 암호화폐의 경우

화폐 발행인들은 화폐 서비스 비즈니스에 적용된 규율을 따르지 않아도 된다고 봄

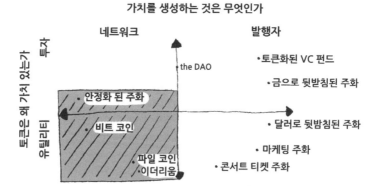

3. 하드코어 암호화폐의 경우

하드코어 암호화폐는 소비재로 인식되어 사전 허가가 불필요하나, 상품의 안전성, 시장 출시 방안에 관한 미국 연방공정거래위원회Federal Trade Commission, FTC 규율이 적용 가능함

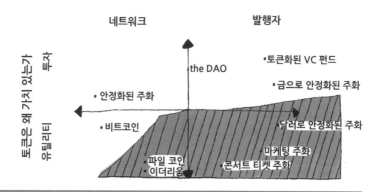

회는 암호화폐의 사용과 관련한 자금세탁방지법을 강화하기 위한 새로운 지침서 초안을 발표했다. 또한 2017년 12월 암호화폐를 취급하는 기업들이 이를 사용하는 고객들의 정보와 거래 내역 등을 밝혀야한다는 내용의 반反자금세탁 규제안을 통과시켰으며, 추가적으로 비트코인에 적용할 수 있는 규제 안을 마련하고 있는 중이다. 그리고 암호화폐 교환 플랫폼 및 암호화폐 지갑 제공자를 자금세탁 방지 지침의 범위에 포함하여 위 두 가지 유형의 기업들이 실제 통화와 암호화폐를 교환할 때 고객 확인 의무를 적용받도록 했다.

독일은 금융감독청Bundesanstalt für Finanzdienstleistungsaufsicht, BaFin이 2013년 7월 은행법Kreditwesengesetz, KWG에 있는 금융상품financial instrument의 개념에 관한 가이드라인을 수정하고 비트코인 관련 해석을 제시했다. 그에 따르면 비트코인은 법정통화가 아니며, 금융상품 중 가치척도units of account 범주에 속하고 관련 규정의 적용을 받도록 했다. 비트코인을 상업적으로 활용하는 경우 독일 은행법에 따라 금융 당국의 허가가 필요하며 비트코인 취급 업소의 면허에 따라 준수해야 하는 소비자 보호 규율이 상이하다. 독일의 암호화폐 취급 업소는 금융 서비스업체로써 자금세탁방지법의 적용을 받는다. 영국은 현재 암호화폐 서비스업자에 대해 자금세탁 방지 의무를 부과하고 있지는 않으나 향후에는 도입할 예정이며, 위험도에 따라 방지 의무의 정도를 결정할 계획이다. 프랑스는 암호화폐를 취급하는 개인 및 법인의 등록을 의무화하고 고객 확인, 기록 보관 및 의심거래 활동 보고 의무 등을 부과하고 있다.

이들 국가와 달리 자금세탁, 테러자금 지원 및 탈세 등의 수단으로 활용될 수 있다는 점 때문에 암호화폐를 부정적인 시각으로 보는 국가들도 다수 있다. 중국은 이를 방지하기 위해 금융기관들의 비트코인 거래를 원천적으로 금지하는 조치를 단행하기도 했다.

전체적으로 볼 때 아직은 새로운 암호화폐 생태계가 형성되는 초기의 과정을 밟고 있다고 할 수 있다. 암호화폐의 정의에서부터 기존 금융 관련 법규에서 어떻게 받아들일 것인지까지 논의가 활발하게 진행 중이다. 이는 사회적 공감대에 기초해 인정할 수 있는 범주를 넓히고자 하는 노력이다. 물론 규제 차원의 준비가 기술의 진보를 따라갈 수는 없다. 그러나 선도적 기술을 개발하고 있는 주체들도 공동체 차원의 고민이나 우려에 관해 기존 레거시 체제의 구성원들과 허심탄회한 논의를 전개해야 한다. 왜냐하면 법적으로 보호받는 영역하에서의 발전은 그만큼 견고하게 이루어질 수 있기 때문이다. 당장 어떠한 법규의 적용 대상인지가 불투명한 상황에서 복잡다단하게 연결된 서비스의 준비가 제대로 이루어지기는 어렵다. 그래서 사회구성원들이 공히 인정할 수 있는 영역에 대해서 스스로 책임지는 모습을 보여주는 적극적인 자세가 필요하다. 특정 법규에 저촉되는 것을 우려하기보다는 시장 확보 차원의 신뢰 구축을 위해 어떠한 신뢰 게임을 이끌어갈지 고민이 필요하다. 만약 어떤 공동체가 모범적인 혁신을 이끌어가는 모습을 보여준다면 자율규제를 바탕으로 한 자유로운 사업 환경이 보장될 수 있을 것이다. 규제를 위한 규제가 아니라 공정한 경쟁 환경과 소수가 일방적으로 탈취 대상으로 전락하지 않는 여건을 확보하기 위해 과거와는 다른 방식의 모니터링과 시그널링이 필요한 이유다.

암호화폐의 성격이 단순히 코인인지, 아니면 다양한 가치를 표현하는 토큰의 의미가 강한지에 따라 규제 역시 다르게 적용될 가능성이 높다. 그러나 앞으로의 규제 체계는 원칙과 큰 그림을 우선해야 한다. 즉 철학과 윤리, 기본적인 사회의 가치 체계 등을 고려한 새로운 생태계의 건강을 유지하기 위한 논의가 필요하다. 현상의 세부적인 사항에만 논의가 집중되면, 큰 줄기를 놓치기 쉽다.

이제 암호화폐의 도입을 위해 얼마나 많은 준비가 필요한지 가늠할 수 있을 것이다. 사고 체계와 가치 판단의 기준은 물론 우리가 사회구성원으로서 얼마나 공감대를 형성할 수 있을지 등에 대한 다방면의 고려는 암호화폐 생태계를 키워나가는 데 필수불가결한 요소다. 이에 대한 논의가 특정 집단이 선점하거나 주도하는 모습보다는 시민들의 토론을 통해 차분하게 이루어지기를 기대해본다. 블록체인의 공감대 알고리즘이 바로 인류 사회의 검증 과정과 흡사하기 때문이다. 공공재로서의 우리의 기록이 미래 가치 창출의 기반임을 염두에 두고, 모두가 공공의식을 가지고 현재의 주어진 기회를 십분 활용해야 한다. 세상이 변하듯이 우리의 역할도 당연히 변해야 한다. 이 변화를 최선을 다해 포용하고 즐겨야 함은 물론이다.

나가며

　이 책에서 나는 모두가 관심을 가져야 할 미래를 준비하는 데, 과거와는 생각을 달리해야 한다는 점을 피력하고자 했다. 오늘날 우리가 마주한 과제들은 우리뿐 아니라 자식과 후배들을 포함한 여러 세대에 걸쳐 있기에 세대를 막론하고 누구나 개방된 자세로 함께 고민해야 한다. 이를 위해 필요한 사고방식과 태도를 요약하자면 다음과 같다.

　첫째는 기존의 틀을 넘어서 포용할 수 있는 개방된 자세다. 암호화폐와 관련해 기존의 틀에서는 답을 찾을 수 없기 때문이다. 기존의 배경에서 각자의 다양한 입장들이 서로 옳고 그름을 가르는 것은 더 이상 큰 의미가 없다. 이미 들었던 것이고 알고 있는 것이며 실험도 해보았던 것이다. 새로움은 유연하고 열린 자세에서 출발하는데 이러한 기존 틀에 대한 정비 없이 해답만 구하다보니 천편일률적 모습인 것이다. 둘째, 해답에 대한 갈증이 커질수록 해답과 연관 없는 부분까지 살펴보아야 한다. 즉, 당장의 해답을 구하기보다 해답을 모색하는 과정 자체를 제대로 다듬는 것이 중요하다. 셋째, 독선적 의식은 가장 경계해야 할 위험 요인이다. 초연결 환경의 다양성은 연결의 중요성을 일깨운다. 개인도 연결 속에서 정체성을 찾아야 할 만큼 이제 협업 차원의 노력은 무엇보다 중요하다. 그만큼 우리에게 주어진 시간은 촉박하며 제대로 된 노력을 구체화하는 데 필요한 공감대의 수렴 과정은 지난한 시간을 필요로 한다. 혹여 사정이 급박하여 독단적이고 일방적 결정을 내릴 수밖에 없었다면 결과는 비슷할지언정 종국에는 사회적으로 모두의 불행을 피할 수 없을 것이다.

암호화폐는 그동안 가장 폐쇄적으로 소수 엘리트들이 운영해왔던 금융 분야의 새로운 혁신을 가능하게 하는 희망의 연료 혹은 인센티브다. 자원 배분의 핵심적 기능을 수행하는 금융의 변화는 경제활동 전반에서의 변화를 가져다줄 것이다. 모세혈관이 막히고 동맥만 뚫려있는 것과 같은 금융의 현실은 초연결 환경에서 가능한 다양한 가치창출 노력을 이끌기보다는 가로막고 있다. 이래저래 시장 흐름을 따르는 변화 대신 자기 이익 지키기에 급급했던 금융 시스템은 이제 온갖 바이패스 수술로 웬만한 기구 장착 없이는 불요불급한 곳에 피를 공급하기 어려운 동맥경화와 같은 상태에 도달했다. 금융 지평이 확대되는 것이 아니라 기축통화와 안전자산으로 역류하는 것이 현실이다.

실제로 모든 경제생활의 근간은 인센티브이며 이를 행위로 옮기는 일련의 거래는 돈을 주고받는 지불·청산·결제의 과정을 거치게 된다. 법정화폐 시스템에서는 이러한 마디마디의 절차마다 관련 정보의 흠결을 검증하고 확인하는 노력에 많은 사람과 기구가 관여한다.

거래 완성에 필요한 연결고리의 신뢰토대가 확보되기 때문이다. 그런데 여러 단계를 거쳐서 완결되는 이러한 익숙한 과정은 초연결 환경의 시대에 접어들면서 시스템 차원의 위험관리에 근본적 한계를 보이기 시작했고 급기야 2008년 글로벌 금융위기의 원인으로도 작용했다. 미시적으로 모든 거래에는 지불·청산·결제에 이르는 복잡한 과정에 많은 신뢰 주체들이 관여하고 있는데 국가 차원의 업무 영역별 관할 구도로 효과적인 모니터링이 제한됨에 따라 파악하거나 관리할 수 없는 위험들이 방치된 지 오래다. 또한 거래가 완결되는 핵심 요소인 계좌 내지는 개인 신용정보가 주인도 모르게 유출되거나 제대로 관리되지 못하는 경우가 허다하다. 책임 소재 파악이 현실적으로 불가능한 상황이 계속된다면 기존 생태계의 기득권들을 넘어선 새로운 절차와 개입 방식에 대한 획기적 대안을 제시하기 어렵다. 왜냐하면 보다 나은 대안의 주체가 여전히 정부나 소수 엘리트 중심이며, 정작 보호받아야 할 민간들이 아니기 때문이다. 더욱이 규제산업에 뛰어들 준비나 문제의식도 없는 주체들에게 주인 역할을 기대하는 것은 무리다. 설상가상으로 알게 모르게 기존 참여자들의 이해관계가 간접적인 진입 장벽의 역할을 하고 있다. 소비자 보호가 강조되지만 실제 구현 방식은 여전히 과거의 칸막이식 대응에 머물러 있다. 금융안정과 소비자 보호라는 구호 아래 신뢰 주체로서 인정받은 기득권들이 얼마나 제 역할을 할 수 있을까?

문제는 소수 엘리트에게 역할을 대리시켰던 주인이 직접 책임 주체로 나설 경우 과거보다 훨씬 더 큰 부담이 따른다는 점이다. 월급을 주는 역할이 과거 종업원으로서의 책임과 비교가 되겠는가? 당연히 자기 것을 지키는 것을 넘어서 주변을 배려하면서 협업을 이끌어 낼 수 있는 공동체 의식도 기본으로 갖추어야 한다. 모두가 준비하기 어렵다면 주변이 일방적으로 비용 전가 대상으로 전락하지 않도록 공동체 차원의 보호 장치를 구비해주어야 한다. 자신이 행복하려면 주변부터 배려하는 태도가 의식 깊숙이 자리 잡는 성숙함이 반드시 필요하다. 결국 암호화폐가 만드는 새로운 세상은 정부가 아닌 보통 사람들이 주도하는 참여형 세상이다. 암호화폐는 이러한 우리의 의지가 담긴 수단이고 인센티브인 것이다.

과연 순종하면서 이익을 지키는 일반 대중들에게 주인으로서의 의무와 책임을 기대할 수 있을까? 암호화폐가 만드는 세상의 모습은 결국 개개인들이 얼마나 주인의식을 가지고 책임 있게 가치창출에 나설 수 있는지에 달려 있다. 정부 정책에 대한 기대는 이 같은 현실적인 판단에 근거하여 조절하는 것이 맞다. 어떤 경제 주체여도 이제는 주도적 역할이 아니라 플랫폼 참여자로서 그 역할이 같이 만드는 파트너로 변하기 때문이다. 다면적 시장에서의 네트워크 효과를 극대화하려면 누가 나서서 주도적인 역할을 수행하는 것보다 기울어지지 않은 운동장에서 자유롭고 대등한 차원의 교류가 가능해야 한다. 누군가 주도하고 다른 이들이 그저 따르는 수직적 패러다임은 이제 과거의 것이다. 파트너로서 함께 새로운 가치를 만들 수 있는 우호적 환경을 조성하고 그 안에서 책임 있는 공동체 구성원으로서의 의식을 견지하도록 생태계를 조성하는 과제가 미래 산업 경쟁력의 핵심 요소다.

앞으로도 분명 무수히 많은 암호화폐가 나타날 것이다. 암호화폐들은 보다 확실한 기술적 우위를 점하고 있는지, 많은 곳에 쓰일 수 있는지, 지속 가능한지 여부를 수시로 시장에서 평가받을 것이다. 글로벌한 시각으로 이러한 실험에 과감히 나서야 한다. 언어적, 문화적 폐쇄성을 극복하고 한국이 이러한 실험의 본고장으로 자리매김할 수 있도록 개방된 환경을 조성해야 한다. 이를 위한 전제 조건인 신뢰기반 구축에 대한 점검과 구체적인 접근 방법을 두고 폭넓은 의견 교환이 자유롭게 이루어져야 한다. 특정 주체가 주도하는 프로젝트의 성과 평가는 그 자체로 왜곡 요인이 내포되어 있다. 개방과 협업 차원의 프로젝트 수행의 틀이 정착되어야 미래 가치 창출의 지속 가능성이 제대로 확보된다. 물론 이러한 판단과 노력에 어느 정도의 사회적 공감대를 이끌어낼 수 있을지가 의문이다. 그러나 이러한 노력의 성공 여하에 따라 우리나라의 미래가 결정된다는 점에는 의문의 여지가 없다. 더 많이 개방하고 포용할수록 우리의 활동 무대가 한계를 넘어 글로벌 디지털 시장의 장터가 될 가능성이 더욱 높아질 것이다. 암호화폐는 우리에게 결국 이러한 메시지를 던진다. "열려 있고 깨어 있으라. 그리고 주변을 포용하라." 이는 암호화폐를 통해 모두가 참여해 만들어내는 신뢰기반을 구축하는 데 반드시 지켜야 할 원칙이다.

2018년 10월

최공필

참고 문헌

Agrawal, A., J. Gans, and A. Goldfarb (2016): "The simple economics of machine intelligence," *Harvard Business Review*, 17.

Athey, S., C. Catalini, and C. Tucker (2017): "The Digital Privacy Paradox: Small Money, Small Costs, Small Talk," *National Bureau of Economic Research Working Paper*.

Athey, S., I. Parashkevov, V. Sarukkai, and J. Xia (2016): "Bitcoin pricing, adoption, and usage: Theory and evidence".

Ausubel, L. M., P. Milgrom, et al. (2006): "The lovely but lonely Vickrey auction," *Combinatorial auctions*, 17, 22-26.

Beck, R., J. S. Czepluch, N. Lollike, and S. Malone (2016): "Blockchain-the Gateway to Trust-Free Cryptographic Transactions.," in ECIS, p. Research Paper 153.

Böhme, R., N. Christin, B. Edelman, and T. Moore (2015): "Bitcoin: Economics, technology, and governance," *The Journal of Economic Perspectives*, 29(2), 213-238.

Bordo, M. D., and A. T. Levin (2017): "Central Bank Digital Currency and the Future of Monetary Policy," National Bureau of Economic Research Working Paper.

Bresnahan, T. F., and M. Trajtenberg (1995): "General Purpose Technologies Engines of growth?," *Journal of Econometrics*, 65(1), 83-108.

Catalini, C. (2017a): "How Blockchain Applications Will Move Beyond Finance," *Harvard Business Review*.

———————— (2017b): "How Blockchain Technology Will Impact the Digital Economy," Oxford Business Law Blog.

Catalini, C., and C. Tucker (2017): "When early adopters don't adopt," *Science*, 357(6347), 135-136.

Davidson, S., P. De Filippi, and J. Potts (2016): "Economics of Blockchain," Working Paper.

Dwyer, G. P. (2015): "The Economics of Bitcoin and Similar Private Digital Currencies," *Journal of Financial Stability*, 17, 81-91.

Edelman, B., M. Ostrovsky, and M. Schwarz (2007): "Internet Advertising and the Generalized Second-Price Auction: Selling Billions of Dollars Worth of Keywords," *American Economic Review*, 97(1), 242-259.

Gandal, N., and H. Halaburda (2014): "Competition in the Cryptocurrency Market," NET Institute Working Paper.

Gans, J. S., and H. Halaburda (2015): "Some economics of private digital currency," in *Economic Analysis of the Digital Economy*, pp. 257-276. University of Chicago Press.

Halaburda, H., and M. Sarvary (2016): *Beyond Bitcoin: The Economics of Digital Currencies*, Springer.

Helpman, E. (1998): *General Purpose Technologies and Economic Growth*, MIT press.

Henderson, R. M., and K. B. Clark (1990): "Architectural Innovation: The Reconfiguration of Existing Product Technologies and the Failure of Established Firms," *Administrative Science Quarterly*, pp. 9-30.

Iansiti, M., and K. R. Lakhani (2017): "The Truth About Blockchain," *Harvard Business Review*, 95(1), 118-127.

Ito, J., N. Narula, and R. Ali (2017): "The Blockchain Will Do to the Financial

System What the Internet Did to Media," *Harvard Business Review.*

Kiviat, T. I. (2015): "Beyond Bitcoin: Issues in Regulating Blockchain Transactions," *Duke Law Journal,* 65, 569-608.

Lerner, J., and J. Tirole (2002): "Some simple economics of open source," *The Journal of Industrial Economics,* 50(2), 197-234.

Luca, M. (2017): "Designing Online Marketplaces: Trust and Reputation Mechanisms," *Innovation Policy and the Economy,* 17(1), 77-93.

Ma, J., J. S. Gans, and R. Tourky (2017): "Market Structure in Bitcoin Mining," Rotman School of Management Working Paper, 3103104.

Malinova, K., and A. Park (2016): "Market Design with Blockchain Technology," Working Paper.

Mann, S., J. Nolan, and B. Wellman (2002): "Sousveillance: Inventing and Using Wearable Computing Devices for Data Collection in Surveillance Environments," *Surveillance&Society,* 1(3), 331-355.

Milgrom, P. R. (2004): *Putting Auction Theory to Work,* Cambridge University Press.

Moser, P., and T. Nicholas (2004): "Was Electricity a General Purpose Technology? Evidence from Historical Patent Citations," *The American Economic Review,* 94(2), 388-394.

Nakamoto, S. (2008): "Bitcoin: A Peer-to-Peer Electronic Cash System," White Paper.

Narayanan, A., J. Bonneau, E. Felten, A. Miller, and S. Goldfeder (2016): *Bitcoin and Cryptocurrency Technologies: A Comprehensive Introduction,* Princeton University Press.

Raskin, M., and D. Yermack (2016): "Digital Currencies, Decentralized Ledgers, and the Future of Central Banking," National Bureau of Economic Research Working Paper.

Rosenberg, N., and M. Trajtenberg (2001): "A General purpose technology at work: the Corliss steam engine in the late 19th Century US," *National Bureau of Economic Research Working Paper.*

Roth, A. E. (2002): "The Economist as Engineer: Game Theory, Experimentation, and Computation as Tools for Design Economics," *Econometrica*, 70(4), 1341-1378.

Roth, A. E., and A. Ockenfels (2002): "Last-minute Bidding and the Rules for Ending Second-price Auctions: Evidence from eBay and Amazon Auctions on the Internet," *The American Economic Review*, 92(4), 1093-1103.

Rothkopf, M. H., T. J. Teisberg, and E. P. Kahn (1990): "Why are Vickrey Auctions Rare?," Journal of Political Economy, 98(1), 94-109.

Rysman, M., and S. Schuh (2017): "New Innovations in Payments," Innovation Policy and the Economy, 17(1), 27-48.

Seretakis, A. (2017): "Blockchain, Securities Markets and Central Banking," Working Paper.

Stiglitz, J. E. (2002): "Information and the Change in the Paradigm in Economics," *The American Economic Review*, 92(3), 460-501.

Von Hippel, E. (2005): *Democratizing Innovation*, MIT press.

Von Hippel, E., and G. Von Krogh (2003): "Open Source Software and the Privatecollective Innovation Model: Issues for Organization Science," *Organization Science*, 14(2), 209-223.

Von Hippel, E. A. (2002): "Open Source Projects as Horizontal Innovation Networks - by and for Users," MIT Sloan School of Management Working Paper.

Walport, M. (2016): "Distributed Ledger Technology: Beyond Block Chain," UK Government Office for Science.

Wright, A., and P. De Filippi (2015): "Decentralized Blockchain Technology and the Rise of Lex Cryptographia," .

Yermack, D. (2013): "Is Bitcoin a real currency? An economic appraisal," National Bureau of Economic Research Working Paper.

비트코인 레볼루션
암호화폐는 어떻게 전혀 다른 미래를 만드는가

1판 1쇄 펴냄 | 2018년 12월 5일
1판 2쇄 펴냄 | 2019년 12월 11일

지은이 | 최공필
발행인 | 김병준
편   집 | 이정신
디자인 | 김은영·이순연
본문 일러스트 | 김재희
발행처 | 생각의힘

등록 | 2011. 10. 27. 제406-2011-000127호
주소 | 서울시 마포구 양화로7안길 10, 2층
전화 | 02-6925-4184(편집), 02-6925-4188(영업)
팩스 | 02-6925-4182
전자우편 | tpbook1@tpbook.co.kr
홈페이지 | www.tpbook.co.kr

ISBN 979-11-85585-61-1 03320

이 도서의 국립중앙도서관 출판시도서목록(CIP)은
서지정보유통지원시스템 홈페이지(http://seoji.nl.go.kr)와
국가자료공동목록시스템(http://www.nl.go.kr/kolisnet)에서
이용하실 수 있습니다.(CIP제어번호: CIP2018035973)